开启教育新征程

陈子季　主编

教育科学出版社
·北京·

出版人　李　东

责任编辑　何　艺　何　蕴　王晶晶

版式设计　杨玲玲

责任校对　贾静芳

责任印制　叶小峰

图书在版编目（CIP）数据

开启教育新征程／陈子季主编 . —北京：教育科学
出版社，2018.9
ISBN 978-7-5191-1642-2

Ⅰ.①开…　Ⅱ.①陈…　Ⅲ.①教育事业—发展—
研究—中国　Ⅳ.①G521

中国版本图书馆 CIP 数据核字（2018）第 213735 号

开启教育新征程

KAIQI JIAOYU XINZHENGCHENG

出版发行	教育科学出版社			
社　　址	北京·朝阳区安慧北里安园甲 9 号	**市场部电话**	010-64989009	
邮　　编	100101	**编辑部电话**	010-64989421	
传　　真	010-64891796	**网　　址**	http://www.esph.com.cn	
经　　销	各地新华书店			
制　　作	北京金奥都图文制作中心			
印　　刷	北京玺诚印务有限公司			
开　　本	169 毫米×239 毫米　16 开	**版　　次**	2018 年 9 月第 1 版	
印　　张	17.75	**印　　次**	2018 年 9 月第 1 次印刷	
字　　数	188 千	**定　　价**	49.00 元	

如有印装质量问题，请到所购图书销售部门联系调换。

目　录

/////////////////////////////////////

1

第二部分　以教育现代化助推教育强国建设

第三部分　办好公平而有质量的教育

第四部分 深化教育改革、提升教育开放水平、促进民办教育发展

第一部分

深刻认识新时代教育新要求

在大学习中铸就宽肩膀和真本领 在新时代开启新征程续写新篇章

——党的十九大精神初步学习体会

陈子季

十九大报告是一个激动人心、催人奋进的报告，我们对报告精神就应当带着感情去学习、带着思想去领悟、带着责任去落实，也就是要真正做到"学懂、弄通、做实"这六个字的要求。正是基于这样的考虑，我把本文的主题概括为两句话：在大学习中铸就宽肩膀和真本领，在新时代开启新征程续写新篇章。这里，我想先简要谈谈对十九大及其通过的一系列重要文件的总体印象。

第一，党的十九大最特殊的地方，就是它的召开恰逢我国发展进入"两个一百年"历史交汇期，既要决胜全面建成小康社会，又要研究全面建设社会主义现代化国家的一系列重大战略问题。所以，十九大是一次立足现实和着眼长远相统一的大会。事实上，早在十八大闭幕后不久，习近平总书记就明确说过，从现在情况看，只要国内国际不发生大的波折，经过努力，我们国家到 2020 年全面建成小康社会、实现"两个一百年"奋斗目标中的第一个目标是有把握的。但是，人无远虑，必有近忧。全面建成小康社会之后路该怎么走？如何跳出"历史周期律"，实现长期执政？如何实现党和国家长治久安？这些都是需要深入思考的重大问题。可以说，习近平总书记在过去五年提出的一系列新理念、新思想、新战略，就是在这种立足当前而又着眼长远的深入思考中取得的重大成果；十九大报告在研究新情况、总结新经验、解决新问题基础上提出的一系列重大决策部署，同样是围绕这些问题进行深入思考后得出的重要结论。

第二，党的十九大最鲜明的特点，就是把重大决策部署建立在解决最突出的矛盾和问题、满足人民群众最迫切的愿望和要求之上。所以，十九大是一次以问题为导向、以人民为中心的大会。在十九大报告起草过程中，习近平总书记说过，十八大以来党和国家事业取得的历史性成就、发生的历史性变革，是在解决实践提出的历史性课题中实现的。十九大报告要从战略全局上对党和国家事业作出新的规划和部署，也必须把握我国发展新要求和人民群众新期待，针对我国发展面临的突出矛盾，贯彻以人民为中心的发展思想，制定适应时代要求的行动纲领和大政方针。十九大报告中直接谈到"人民"的就有203处，各个不同社会群体都能从中感受到党的关怀，找到对自身困惑的解答。

第三，党的十九大最突出的意义，就是既对我国发展具有重大指导作用，又在国际社会产生广泛影响。这次大会不仅在中华民族伟大复兴进程中留下浓墨重彩的篇章，而且在世界上高高举起中国特色社会主义伟大旗帜。这是我国综合国力不断增强、国际地位和国际影响力不断提升的体现。这从高度关注和多方面解读十九大的风向（登记采访十九大的境外记者达到史无前例的 1818 名，约占大会记者总数的 59%，大会期间多达 165 个国家 452 个主要政党发来 855 份贺电贺信）中可见一斑。有境外媒体说，现在五年一度的中国共产党全国代表大会同美国大选一样，具备世界级影响力。

第四，党的十九大最重大的贡献，就是把"以习近平同志为核心的党中央"正式写入党章，并确立了习近平新时代中国特色社会主义思想的历史地位。这次大会使我们党有了团结全国各族人民决胜全面建成小康社会、夺取新时代中国特色社会主义伟大胜利新的主心骨和航标灯。

党的十九大精神博大精深，可以有多种概括方式。比如可以概括为新思想、新时代、新成就、新布局、新矛盾这"五个新"，也可以像十九届中央政治局第一次集体学习时提出的"五个聚焦"那样来概括。这些都是直击要害、点中要穴式的大力度概括。鉴于本人学习还处于初始阶段，所以想用漫谈式、散点式、开放式的办法来谈谈自己的初步学习体会。

一、关于"不忘初心，牢记使命"，可重点把握四个关键词，即"中国人民""中华民族""科学社会主义""人类进步事业"

根据习近平总书记的提议，党的十九大报告在大会主题中开宗明义提出"不忘初心，牢记使命"，并在正文 13 个部分中专门用一个部分来论述"新时代中国共产党的历史使命"。这在新时期以来党的历次全国代表大会报告中是史无前例的。那么，习近平总书记为什么如此重视和强调"不忘初心，牢记使命"呢？这是因为，我们召开党的全国代表大会，首先就要把党的历史使命是什么在全党同志头脑中强烈而牢固地树立起来。要让全党同志都明白：我们中国共产党究竟是为了什么样的目标而成立的，党成立后的性质和宗旨是什么，党在现阶段又准备干什么。我们重申创党立党时的初心和新时代中国共产党人的历史使命，就是要让8900多万党员从党的历史使命中不断获得强大原生动力。正如十九大报告指出的：中国共产党人的初心和使命"是激励中国共产党人不断前进的根本动力"。

回顾习近平总书记从政的经历可以看到，对初心和使命的重视，是他一以贯之的思想。早在正定工作时，他就明确提出，要把振兴中华的宏伟目标落实到为热爱正定、振兴正定而奋斗的真挚情怀和历史责任之中。在宁德工作时，他明确提出，廉政建设是我们共产党人的历史使命。在浙江工作时，他郑重表示，一定"不辱历史使命，向党中央和浙江人民交出一份满意的答卷"。在上海工作时，他明确提出，"上海是党的诞生地，要牢记历史使命"。2017年10月31日，十九大闭幕仅一周，习近平总书记又带领中央政治局其他六位常委同志，专门瞻仰了上海中共一大会址和浙江嘉兴南湖红船，回顾建党历史，重温入党誓词。他说，上海党的一大会址、浙江嘉兴南湖红船是我们党梦想起航的地方。我们党从这里诞生，从这里出征，从这里走向全国执政。这里是我们党的根脉。我们走得再远都不能忘记来时的路。他告诫全党同志：唯有不忘初心，方可告慰历史、告慰先辈，方可赢得民心、赢得时代，方可善作善成、一往无前。

发展是党执政兴国的第一要务，创新则是引领发展的第一动力。所以，我们要大力实施创新驱动发展战略。十九大报告和习近平总书记都提醒我们：在发展这个第一要务和创新这个第一动力的背后，还必须保持和增强中国共产党人的初心和使命这个根本动力。忘记和背叛了中国共产党人的初心和使命，就不配当一名中国共产党员，甚至会落入违反党纪国法的深渊。

那么，我们党所强调的初心和使命指的又是什么呢？这就是十九大报告所说的："中国共产党人的初心和使命，就是为中国人民谋幸福，为中华民族谋复兴。"这里明确包括两层含义。但通读报告全文，我们可以发现，中国共产党人的初心和使命实际上还有两层含义。

一是为科学社会主义谋振兴。这就是十九大报告所说的：中国特色社会主义进入新时代，"意味着科学社会主义在二十一世纪的中国焕发出强大生机活力，在世界上高高举起了中国特色社会主义伟大旗帜"。这就是说，中华民族的伟大复兴，同时是科学社会主义的伟大振兴。我们既要在中国特色社会主义道路上坚定不移推进民族复兴的伟业，又要在中华民族伟大复兴目标引领下始终不渝践行科学社会主义的理想。这也是习近平总书记在要求广大党员、干部牢记民族复兴使命的同时，必须树立共产主义远大理想和中国特色社会主义共同理想的道理之所在。

二是为人类进步事业谋贡献。这就是报告所说的："中国共产党是为中国人民谋幸福的政党，也是为人类进步事业而奋斗的政党。中国共产党始终把为人类作出新的更大的贡献作为自己的使命。"这也是习近平总书记在强调"铸牢中华民族共同体意识"的同时，提出"推动构建人类命运共同体"的道理之所在。

把上述这四层环环相扣、层层递进的含义概括起来，就是"中国人民"中华民族""科学社会主义""人类进步事业"这四个关键词。

这里需要说明的是，十九大报告谈到"新时代中国共产党的历史使命"时，在党的文献中第一次明确提出和突出强调了进行伟大斗争、建设伟大工程、推进伟大事业、实现伟大梦想这"四个伟大"。其中，伟大梦想是新时代我们党的历史使命，其他"三个伟大"构成新时代我们党的工作新布局。具体来看，伟大斗争是实现伟大梦想的动力，伟大工程是实现伟大梦想的保证，伟大事业是实现伟大梦想的路径，它们共同聚焦于和服务于伟大梦想。更加形象地说，这"四个伟大"，就是以伟大梦想为目标引领，以伟大工程和伟大事业为两翼支撑，以伟大斗争为强大动力构成的一个"菱形飞行器"。处在这个"菱形飞行器"指挥长位置上的，是作为全党拥护、人民爱戴、当之无愧的党的领袖的习近平总书记，是以习近平同志为核心的党中央。

这里还需要说明的是，"不忘初心，牢记使命"所强调的，既是一种责任和担任，也是一种永不懈怠的精神状态和一往无前的奋斗姿态，还是一种坚强的政治立场、顽强的意志品质和高强的执政本领。习近平总书记在十九届一中全会后同中外记者见面时强调："新时代要有新气象，更要有新作为。"同时强调："中国共产党是世界上最大的政党。大就要有大的样子。"此后，他又在十九届中央政治局第一次集体学习时指出："领导干部不仅要有担当的宽肩膀，还得有成事的真本领。"总书记相继提出的"新时代""新气象""新作为"和"大样子""宽肩膀""真本领"等一系列极具针对性的要求和期待，就是对"不忘初心，牢记使命"核心要义的深刻揭示。

认真研读十九大报告还可以发现，报告第一部分关于过去五年我们党"解决了许多长期想解决而没有解决的难题，办成了许多过去想办而没有办成的大事"，同报告第二部分关于过去96年我们党"攻克了一个又一个看似不可攻克的难关，创造了一个又一个彪炳史册的人间奇迹"，这两个重要论断之间遥相呼应，存在着一种流和源、近和远的关系。而驱动这五年奋斗历程的，就是从中国共产党人初心和使命中源源不断生发出的强大动力和根本动力。

二、关于过去五年工作的总结，可重点把握两个关键词，即"历史性""革命性"

科学准确而又大力度地总结好十八大以来以习近平同志为核心的党中央团结带领全党全国各族人民坚持和发展中国特色社会主义的历史进程与宝贵经验，对于整个十九大报告具有一种夯基垒台、立柱架梁的重要作用。俗话说："基础不牢，地动山摇。"习近平总书记在主持十九届中央政治局会议和第一次集体学习时，就学习宣传贯彻党的十九大精神提出了"五个聚焦"，其中带有基础性作用的是，聚焦到五年来党和国家事业取得历史性成就和发生历史性变革上。

试想一下，如果没有对过去五年历史性成就和历史性变革的高度概括和自觉认同，人民群众又怎么能够发自内心地认可"习近平总书记是全党拥护、人民爱戴、当之无愧的党的领袖"呢？党的十九大又怎么能够把习近平新时代中国特色社会主义思想确立为党必须长期坚持的指导思想，怎么能够作出中国特色社会主义进入新时代、我国社会主要矛盾发生历史性变化等重大判断呢？所以，对过去五年工作的总结至关重要。习近平总书记在十九大报告起草过程中就强调，必须"认真总结过去五年工作"，特别是"深入总结党领导人民推进改革开放和社会主义现代化建设的生动实践和新鲜经验"。

根据这样的要求，十九大报告用 4988 个字、约占报告 15.4% 的篇幅，对过去五年工作作了全面、精准和深刻的总结。这在新时期以来的历次党代会报告中是很少见的。事实证明，这样做是值得的。正是因为有了这样的总结和展示，人民群众的获得感、幸福感、安全感和民族自豪感从来没有像现在这样强烈，对我们党治国理政方略的认同度从来没有像现在这样一致，对我国未来发展的自信心从来没有像现在这样坚定，我国国际影响力、感召力、塑造力也从来没有像现在这样提高。更为重要的是，这五年来取得的历史性成就、发生的历史性变革，使广大党员、干部和群众进一步认识到这样的事实：习近平总书记不愧是在浓郁革命氛围中成长起来的领袖，是在苦难历史和曲折经历中成长起来的领袖，是在长期革命实践中成长起来的领袖，是在人民群众中成长起来的领袖，也是在进行具有许多新的历史特点的伟大斗争特别是重大国际斗争中确立起来的领袖。

当然，对于确立党的核心和领袖、维护党的核心和领袖权威的重大意义，还应当放到确保党和国家长远发展与长治久安的高度，从党和国家事业在前进道路上可能遇到各种风险与挑战的角度来加深理解和把握。特别是要从具有许多新的历史特点的伟大斗争包括国际斗争可能遇到重大挫折和曲折的情况下，必须有坚强的党的核心和领袖来加以领导的视角来加深理解和认识。这样，就可以更加自觉地团结在以习近平同志为核心的党中央周围，确保十九大提出的重大决策部署顺利实施。

那么，十九大报告对过去五年工作的总结为什么能够起到这么大的作用呢？分析其原因，可以发现两个关键词：一个是"历史性"，即历史性成就和历史性变革；另一个是"革命性"，即革命性重塑和革命性锻造。在改革开放以来的历次党代会报告中，"历史性成就"的表述屡屡出现，"历史性变革"作为完整的表述虽然没有出现过，但"伟大变革"等表述也并不少见。至于把过去工作取得的成就提升到"革命性"的高度来加以总结和概括，十九大报告还是第一次。

在十九大报告中，"革命性重塑"虽然是针对人民军队组织架构和力量体系而言的，但就其精神实质而言，可以推广运用到党和国家各项事业所取得的历史性成就和发生的历史性变革中去。而"革命性锻造"在十九大报告中，就是奔着党的自身建设去的。正如报告指出的："党在革命性锻造中更加坚强，焕发出新的强大生机活力，为党和国家事业发展提供了坚强政治保证。"这段重要论述，不仅揭示了过去五年我们党在全面从严治党中实现革命性锻造的历史事实和成功经验，而且揭示了党领导的各项事业实现革命性重塑同党自身实现的革命性锻造这"两个革命性"之间相辅相成、相得益彰的内在联系。

换个角度看，革命性重塑和革命性锻造之间的关系，也就是党领导的社会革命和党的自我革命这"两大革命"之间的关系。习近平总书记在十九届一中全会后同中外记者见面时强调："实践充分证明，中国共产党能够带领人民进行伟大的社会革命，也能够进行伟大的自我革命。"这里所说的我们党领导人民进行的伟大的"社会革命"，包括新民主主义革命、社会主义革命和改革开放新的伟大革命。贯穿这三大社会革命的，是我们党的自我革命。正如十九大报告指出的："勇于自我革命，从严管党治党，是我们党最鲜明的品格。"因此，我们在新时代要建设的马克思主义执政党，既要始终走在时代前列，又要得到人民衷心拥护，还要勇于自我革命。只有这样，才能经得起各种风浪考验。

我们党进行的这种自我革命，最突出的特点就是在党的领导和党的建设问题上，提出和坚持"两个毫不动摇"的根本方针。这就是十九大报告强调的："毫不动摇坚持和完善党的领导，毫不动摇把党建设得更加坚强有力。"十六大报告也曾提出过"两个毫不动摇"，那是关于坚持社会主义初级阶段基本经济制度的重要方针。而十九大报告提出的"两个毫不动摇"，则是关于党的领导和党的建设内在联系的一个新的重大思想。根据这一思想，既要全面加强党的领导，又要全面从严治党，真正做到打铁必须自身硬。在新时代中国特色社会主义的 14 条基本方略中，也是以"坚持党对一切工作的领导"开头，又以"坚持全面从严治党"收尾的。这两者统一于党自我净化、自我完善、自我革新、自我提高的生动实践中，统一于党执政基础和执政地位的不断巩固。在这个问题上，我们既不能像"文化大革命"那样搞所谓的"踢开党委闹革命"，也不能有全面从严治党差不多了，该松口气、歇歇脚的想法，不能有打好一仗就一劳永逸的想法，不能有见好就收的想法。必须按照十九大和习近平总书记的要求，持之以恒、善作善成，把管党治党的螺丝拧得更紧，把全面从严治党的思路举措搞得更加科学、更加严密、更加有效，推动全面从严治党向纵深发展。

我们党进行的这种自我革命，还有一个突出特点，就是在党同各方面群众的关系上，提出了"两个一切"的根本方针。这就是：必须坚持党对一切工作的领导，同时又必须保持党同人民群众的血肉联系，通过在全社会和海内外中华儿女中找到最大公约数、画出最大同心圆，团结一切可以团结的力量，齐心协力走向中华民族伟大复兴的光明前景。这"两个一切"所蕴含的深刻道理，就是十九大报告强调的"中国特色社会主义最本质的特征"和最大的制度优势"是中国共产党领导"，以及"人民是历史的创造者，是决定党和国家前途命运的根本力量"。正如习近平总书记在十九届一中全会后会见中外记者时指出的："历史是人民书写的，一切成就归功于人民。只要我们深深扎根人民、紧紧依靠人民，就可以获得无穷的力量，风雨无阻，奋勇向前。"

三、关于习近平新时代中国特色社会主义思想，可重点把握四个关键词，即"思想""中国特色社会主义""新时代""习近平"

十九届中央政治局会议和第一次集体学习就学习宣传贯彻党的十九大精神提出的"五个聚焦"中，第一个"聚焦"就是"聚焦到习近平新时代中国特色社会主义思想是党必须长期坚持的指导思想上"。我们从中不难体会到学习领会和贯彻落实好习近平新时代中国特色社会主义思想，对于学习宣传贯彻好十九大精神的极端重要性。那么，如何才能全面理解、准确把握习近平新时代中国特色社会主义思想呢？主要是把握住四个关键词。

第一个关键词是"思想"。这里的思想，指的就是党必须长期坚持的指导思想。从以往的经验看，在我们党的中央领导集体中，核心和领袖的地位与作用，不仅体现为组织上的一把手，更体现为政治决断和理论创造上的主要领导人。如果说十八届六中全会主要是从组织上确立了习近平总书记作为党中央的核心和全党的核心的地位，那么，十九大则从思想上进一步确立了习近平总书记在马克思主义中国化发展史上的地位。我们坚决维护党中央权威和习近平总书记的核心和领袖地位，首先就要坚决维护习近平新时代中国特色社会主义思想的权威。换句话说，对党中央权威和习近平总书记核心与领袖地位的认同，不能停留于口头上，而是要深入思想中、灵魂里，真正做到"口服心服"。

需要说明的是，习近平新时代中国特色社会主义思想虽然是在十九大上正式命名的，但这个思想的科学内涵是在十八大以后五年间的创造性实践中孕育、产生、升华、形成的。用十九大党章的话来说就是："十八大以来，以习近平同志为主要代表的中国共产党人，顺应时代发展，从理论和实践结合上系统回答了新时代坚持和发展什么样的中国特色社会主义、怎样坚持和发展中国特色社会主义这个重大时代课题，创立了习近平新时代中国特色社会主义思想。"

第二个关键词是"中国特色社会主义"。中国特色社会主义作为改革开放以来党的全部理论和实践的主题，既是贯穿党的十九大报告全篇的红线，也是贯穿习近平新时代中国特色社会主义思想的主线。这一重大思想，是在回答新时代坚持和发展什么样的中国特色社会主义、怎样坚持和发展中国特色社会主义这个重大时代课题的过程中，经过艰辛理论探索才形成的。在对新的思想进行命名时，把"中国特色社会主义"明确写到我们党高举的伟大旗帜上，不仅有利于引导全党全国各族人民更加自觉地增强道路自信、理论自信、制度自信、文化自信，既不走封闭僵化的老路，也不走改旗易帜的邪路；而且顺应了世界上一些发展中国家从过去习惯于眼睛向西、向西天取经，到现在纷纷向东看、向当代中国寻找治国理政的东方宝典这一新时代的新风向。

第三个关键词是"新时代"。当然，我们在这里所讲的"新时代"是从党和国家事业发展，而不是历史学上时代划分的角度提出来的。把"新时代"纳入十九大对新思想的正式命名之中，可以更加鲜明地反映十八大以来我们党在理论上实现的重大突破、重大创新、重大发展，同时也可以更加鲜明地突出这一思想在马克思主义中国化进程中的时代意义和时代特色。十九大报告揭示的中国特色社会主义进入新时代"三个意味着"的重大意义，实际上表明了习近平新时代中国特色社会主义思想既是实现强国梦的思想、民族复兴的思想，也是指引科学社会主义振兴的思想，还是为解决人类问题贡献中国智慧和中国方案的思想，有利于破除某些人炮制的"历史终结论""文明冲突论""西方中心论"。

有人可能会问，中国特色社会主义究竟是什么时候进入新时代的？从十九大报告看，肯定是在十八大以后进入的，而不是要等到2020年全面建成小康社会后才进入，否则就会弱化对十八大以后这五年工作的高度评价。但是，我们又不能说十八大闭幕后马上就进入了新时代，因为新时代的到来是基于十八大以来党和国家事业取得历史性成就、发生历史性变革这样的事实的。否则，同样会削弱对十八大以后这五年工作的高度评价。所以，我们说中国特色社会主义在十八大以后进入了新时代，指的是一个时间段，而不是某个时间点。这就如同几何学上线段和点的关系一样。

需要说明的是，在十九届中央政治局会议和第一次集体学习时提出的"五个聚焦"中，是把新思想放在新时代和新矛盾之前讲的。这实际上内含着先有新思想，后有新时代和新矛盾的逻辑关系。也就是十九大修订的党章所说的："在习近平新时代中国特色社会主义思想指导下，中国共产党领导全国各族人民，统揽伟大斗争、伟大工程、伟大事业、伟大梦想，推动中国特色社会主义进入了新时代。"简单地说，就是全党全国各族人民是在新思想指导下迈进新时代的。这是需要我们注意把握的一个问题。

第四个关键词是"习近平"。新时代中国特色社会主义思想，是党和人民实践经验与集体智慧的结晶，但其主要创立者是习近平总书记。十八大以来，在领导党和国家各项事业的实践中，习近平总书记敏锐地把握时代发展的脉搏和契机，既继承前人又突破陈规，表现出了在新时代坚持和发展中国特色社会主义的巨大政治勇气和开拓马克思主义新境界的巨大理论勇气，为新时代中国特色社会主义思想的创立发挥了决定性作用、作出了决定性贡献。十九大在"新时代中国特色社会主义思想"之前加上"习近平"这个定语，是水到渠成的，也是恰如其分的，顺应了全党全国各族人民发自内心的期待和呼声。

上述这四个关键词层层递进而又相辅相成，共同构成了"习近平新时代中国特色社会主义思想"这个重大理论概念。这样的提法虽然看起来有点长，但在现阶段有利于引导广大党员、干部和群众全面理解和精准把握其思想精髓、核心要义。这也是现阶段还不宜把这一表述直接加以简化的道理所在。

十九大报告中有一个重要论断："实践没有止境，理论创新也没有止境。"提出习近平新时代中国特色社会主义思想，并不是说党的理论创新和实践创新到达了一个终点，而是说我们推进马克思主义中国化到达了一个新的起点。对"终点"的否定，对"起点"的期待，充分体现了习近平总书记博大的政治胸襟、巨大的理论勇气和蓬勃的创造活力。这也告诉我们，习近平新时代中国特色社会主义思想，作为理论指导和实践探索辩证统一、理论创新和实践创新良性互动的重要思想，在指引全党全国各族人民为决胜全面建成小康社会、夺取新时代中国特色社会主义伟大胜利的奋斗中，还将不断得到充实、发展和完善。

四、关于我国社会主要矛盾发生的历史性变化，可重点把握三个关键词，即"不平衡""不充分""美好生活"

关于我国社会主要矛盾的提法，是在 1956 年党的八大上正式提出的，改革开放后经过了归纳精炼，至今已 60 多年了。在最近几次党代会召开前，各方面要求修改这一提法的意见都比较集中。在深入研究、广泛听取意见的基础上，党的十九大报告把我国社会主要矛盾的表述修改为"人民日益增长的美好生活需要和不平衡不充分的发展之间的矛盾"。

作出这样修改的主要理由，是改革开放近 40 年来我国社会主要矛盾的两个方面都发生了变化。一方面，我国社会生产力水平总体上显著提高，生产力极大提升，经济总量稳居世界第二，220 多种主要工农业产品产量位居世界第一，一些产品甚至大量过剩。"落后的社会生产"的表述已不符合我国实际，而且国际上也不认可。另一方面，随着经济社会持续快速发展，我国人民生活水平显著提高，人民生活需要日趋多样化、多方面、多层次，对美好生活的向往更加强烈，"物质文化需要"的提法已难以涵盖。新的表述同过去的表述相比，既有重大变化，又保持连续性，从"物质文化需要"到"美好生活需要"，从解决"落后的社会生产"问题到解决"不平衡不充分的发展"问题，反映了我国发展的阶段性要求，也反映了党和国家事业发展的重点要求。

由此出发，十九大报告一方面强调"我国社会主要矛盾的变化，没有改变我们对我国社会主义所处历史阶段的判断"，另一方面也强调"我国社会主要矛盾的变化是关系全局的历史性变化，对党和国家工作提出了许多新要求"。把这些新要求归结起来，就是要集中力量解决好发展不平衡和不充分这两大问题，更好满足人民日益增长的美好生活需要。发展不平衡，主要是指全国各区域、各领域、各方面发展不平衡，制约了全国发展水平提升；发展不充分，主要是指一些地区、一些领域、一些方面还存在发展不足的问题，发展的任务仍然很重。简单地说，就是发展起来以后出现的问题和发展不足时面临的问题。

需要说明的是，十九大报告突出强调要解决好发展不平衡、不充分的问题，说到底是要满足人民对美好生活更加强烈的向往。习近平总书记曾参与筹办的上海世博会的主题就是"城市：让生活更美好"。在十八届一中全会后第一次以总书记身份会见中外记者时，他又作出了"人民对美好生活的向往，就是我们的奋斗目标"的郑重宣示和庄严承诺。十八大以来的实践充分践行了这一宣示和承诺，十九大报告则再次体现和深化了这一宣示和承诺。

根据十九大报告和总书记的上述重要精神，我们对新时代我国教育发展面临的不平衡和不充分这两个方面的问题作了初步梳理。

其中，不平衡问题主要体现在六个方面：一是区域教育发展不平衡；二是城乡教育发展不平衡；三是校际发展不平衡；四是教育结构发展不平衡；五是德智体美劳全面发展不平衡；六是家长对优质教育的理解和心态不平衡。不充分问题也主要体现在六个方面：一是先进教育思想培植的实践不充分；二是教育支撑国家战略发展的能力不充分；三是对国际教育治理的参与不充分；四是教育公平的提升不充分；五是教育内涵式发展的实现不充分；六是教育治理能力现代化的推进不充分。这些问题的存在，严重制约了教育现代化的推进和教育强国目标的实现。

值得注意的是，以习近平同志为核心的党中央对教育领域存在的发展不平衡、不充分问题始终高度重视。十八大以来，习近平总书记不仅提出"教育强则国家强"这一重要思想，而且提出"加大投资于人的力度"的要求，并把"提升人力资本水平"明确为供给侧结构性改革中"补短板"的一项重点工作。特别是十八届三中全会作出《关于全面深化改革若干重大问题的决定》，提出深化教育领域综合改革的重大战略任务以来，在习近平总书记挂帅的中央全面深化改革领导小组召开的 38 次会议中，就有 10 次把教育改革问题纳入议程，通过了 13 个重要文件。最近，在"7·26"重要讲话中，习近平总书记又把满足人民对"更好的教育"的期盼，作为满足他们对"更稳定的工作、更满意的收入、更可靠的社会保障、更高水平的医疗卫生服务、更舒适的居住条件、更优美的环境、更丰富的精神文化生活"的期盼的首要条件，作为全党必须努力实现的工作目标。这实际上是对我国社会主要矛盾发生历史性变化及其对我国教育事业提出新要求的一种自觉把握和积极呼应。

下一步，我们将按照十九大报告的要求，沿着习近平总书记为破解我国教育发展不平衡和不充分问题指明的方向继续努力，为建成教育强国奠定更加坚实的基础。

五、关于决胜全面建成小康社会基础上的"两步走"战略安排，可重点把握一个关键词，即"全面"

仔细研读十九大报告可以发现这样一个内在逻辑：从新成就到新思想，从新思想到新时代，从新时代到新矛盾，从新矛盾到新使命、新目标、新布局、新举措，层层推进、步步深入。可以说，十九大报告关于决胜全面建成小康社会基础上的"两步走"战略安排，既是围绕新时代如何坚持和发展中国特色社会主义这个重大课题展开的，也是紧扣新时代如何把握和应对我国社会主要矛盾变化这个重大问题展开的。

实行改革开放之后，我们党对我国社会主义现代化建设作出战略安排，提出"三步走"战略目标。其中，实现第一个翻番、解决人民温饱问题的第一步战略目标，到1987年就提前实现了；实现第二个翻番、人民生活总体上达到小康水平的第二步战略目标，到1995年也已经提前实现了。在此基础上，十六大提出了在本世纪头20年全面建设惠及全国十几亿人口的更高水平的小康社会的奋斗目标。在过去十多年里，我国全面小康社会建设快速推进，特别是经济总量由改革开放之初排名世界第十一位，到2005年超过法国居第五位，2006年超过英国居第四位，2007年超过德国居第三位，2009年超过日本居第二位。

这是我国全面小康社会建设取得的重大成就，同时也给人们提出了一个问题。这就是：既然经济总量的快速扩张是在十八大前特别是国际金融危机爆发前实现的，那么，我们应当如何看待十八大以来全面小康社会建设的成绩，以及十九大关于决胜全面建成小康社会基础上的"两步走"战略安排的重点呢？换句话说，就是我们要建成什么样的全面小康社会，怎样建成全面小康社会。

对此，习近平总书记在"7·26"重要讲话中指出，增长速度高一点还是低一点，并不是决定全面小康社会建成与否的全部。关键是经济发展质量和效益是不是提高了，人民生活是不是改善了，人民群众关心的突出问题是不是得到较好解决，人民的获得感和满意度是不是提高了。同这"四个是不是"的判断标准一致，十九大报告强调，必须"使全面建成小康社会得到人民认可、经得起历史检验"。

那么，我们要建成的全面小康社会究竟是一个什么样的社会呢？2015年10月，习近平总书记在十八届五中全会第二次全体会议上的讲话中对此作了明确回答。他说，全面建成小康社会，强调的不仅是"小康"，而且更重要的也是更难做到的是"全面"。"小康"讲的是发展水平，"全面"讲的是发展的平衡性、协调性、可持续性。如果到2020年我们在总量和速度上完成了目标，但发展不平衡、不协调、不可持续问题更加严重，短板更加突出，就算不上真正实现了目标，即使最后宣布实现了，也无法得到人民群众和国际社会认可。总书记还提出，全面建成小康社会要做到"三个全面"，即覆盖的领域要全面，覆盖的人口要全面，覆盖的区域要全面。同这样的要求相适应，以习近平同志为核心的党中央在十八大以后创造性提出并强力落实的新发展理念，以及不简单以GDP论英雄、绿水青山就是金山银山、供给侧结构性改革、"三去一降一补"和脱贫攻坚等理念与举措,就是直接奔着这"三个全面"去的。

同这一思想一脉相承,十九大报告不仅在决胜全面建成小康社会基础上提出了此后30年全面建设社会主义现代化国家的"两步走"战略安排,在保持"四个全面"战略布局历史延续性的同时,把"全面"的要求贯穿到了"两个一百年"奋斗目标全过程,而且在决胜全面建成小康社会的要求中强调,要突出抓重点、补短板、强弱项,特别是要坚决打好防范化解重大风险、精准脱贫、污染防治的攻坚战。报告为此提出统筹推进"五大建设"、坚定实施"七大战略",则把"全面"的要求贯彻到了"两个一百年"奋斗目标的各方面。

换个角度看,从第一步让人民生活实现"温饱",到第二步让人民生活实现"总体小康",到2020年全面建成小康社会后让人民生活变得"更加殷实",再到2035年基本实现现代化后让人民生活变得"更为宽裕",直到本世纪中叶全面实现现代化后让人民享有"更加幸福安康的生活",这样的目标要求也是朝着领域、人口和区域这"三个全面"不断迈进的,归结起来,都是朝着"更好推动人的全面发展、社会全面进步"的方向不断迈进的。

正如十九大报告指出的:"建设教育强国是中华民族伟大复兴的基础工程。"同整个国家有一个从大起来到强起来的过程一样,我国教育事业也将经历一个从"有学上"到"上好学"、从"大起来"到"强起来"的过程。当然,按照规划,到2035年我国基本实现现代化时,中国就要成为教育强国。之所以要作这样的安排,目的就是要通过教育强国建设,为把我国最终建成社会主义现代化强国奠定坚实的人才基础、提供可靠的智力支撑。

建设社会主义现代化教育强国，必须着力解决质量和公平这两个全社会高度关注的问题。十九大报告为此提出"培养德智体美全面发展的社会主义建设者和接班人"的总体要求，强调要"高度重视农村义务教育，办好学前教育、特殊教育和网络教育，普及高中阶段教育"，"完善职业教育和培训体系"，"健全学生资助制度，使绝大多数城乡新增劳动力接受高中阶段教育、更多接受高等教育"，"办好继续教育，加快建设学习型社会，大力提高国民素质"，特别是"注重扶贫同扶志、扶智相结合"，坚决打赢脱贫攻坚战。这些要求不仅覆盖了不同领域、不同区域、不同社会群体的教育需求，而且覆盖了各个年龄段的教育需求，都是奔着"更好推动人的全面发展、社会全面进步"这个方向去的。这也是我们下一步努力的方向。

（原文为在教育部直属系统学习贯彻党的十九大精神集中轮训班上的发言，2017 年 11 月 2 日）

进入新时代，
教育有哪些新特点?

陈子季　马陆亭

党的十九大报告指明中国特色社会主义进入新时代，对决胜全面建成小康社会提出明确要求，将实现第二个百年奋斗目标分为两个阶段安排。新时代的提出，是基于我国社会发展的现实基础、主要矛盾、国际环境的变化和奋斗目标的提升。新时代开启新征程，建成社会主义现代化强国既需要硬实力也需要软实力，既包括由大到强，也包括不断增加吸引力，因此经济繁荣、魅力彰显、价值认同同样重要。教育与之密切相关，并且社会发展层次愈高，教育的重要性愈加凸显。我们需要对新时代教育的新特点予以准确判定和把握，在实践中认真对待和应对，服务好国家总体发展大局和人民美好生活需要。

一、教育进入新时代

新时代是党中央对我国发展新的历史方位的重大政治判断，这一判断是总体性、战略性和阶段性的，非常符合教育的实际。

首先是我国教育"立柱架梁"的基础性工作已全面完成。从新中国成立到改革开放再到十八大以来，新中国在一穷二白的基础上逐步建立起了完整的教育体系和制度框架，经过识字扫盲、技工培养、两基攻坚、高校扩招以及从少数重点校建设到均衡公平发展再到全面提高质量等不同时期的重点教育政策，实现了从穷国办教育、办大教育到世界第二大经济体办大教育的历史性变革。教育发展的四梁八柱已牢固建立，教育水平总体进入世界中上行列，教育改革转向"全面施工内部装修"。按照十九大工作部署，接下来是要努力让每个孩子都能享有公平而有质量的教育，推动城乡义务教育一体化发展，使绝大多数城乡新增劳动力接受高中阶段教育、更多接受高等教育，加快建设学习型社会。

其次是教育的主要矛盾发生了深刻变化。当前，教育面对的问题不是"有没有"而是"好不好"，面对的压力不是"够不够"而是"强不强"。百姓"有学上"的问题已得到解决，期盼的是上更好的学校，人民日益增长的对美好教育的需要和教育发展不平衡不充分的矛盾成为教育的主要矛盾。但是，这一矛盾解决起来却十分棘手和复杂，既有不断增加优质教育资源供给方面的压力，也有社会发展不平衡不充分的大国国情的制约，还有对优质教育认识上和心态上的差异的影响。人们不患寡而患不均，不平衡不充分又是长期存在的现象，是深水区攻坚期的内容，难以一蹴而就地解决，许多热点难点问题由此产生。在解决矛盾的过程中，策略如若有失，还有可能出现所谓的优质教育越多，老百姓的不满足感越强、国家发展得到的支撑越不平衡不充分的状况。这就要求我们必须针对新时代的特征，认真筹划美好教育的供给，以多元有效的发展契合社会对教育的需求。

最后是教育发展的先导性发挥着作用。先导意味着先到，按照有关规划我国将于 2020 年基本实现教育现代化，比国家的现代化目标早了 15 年。那么，我们的教育强国建设目标是否也就有可能比国家的社会主义现代化强国建设目标提早实现，助推我国于 2035 年进入世界教育强国行列？这其实也符合世界教育和社会关系的发展规律，一个国家因教育、科技、文化、社会渐次发达而成为世界中心，这也多次为世界发展实践及相关研究所证实。由此，教育发展的时代感、紧迫感将会更强，时不待我，责无旁贷，教育必须为实现中华民族伟大复兴的中国梦提供有力支撑。

二、新时代教育的基本特点：基础性、民生性、决定性作用凸显

新时代是站在新的平台上，面对新形势、根据新特点、解决新矛盾的新的发展阶段。当夯基垒台、立柱架梁的任务完成后，在新征程新起点上我们首先要思考的是教育在国家建设"全面施工内部装修"阶段中的作用，以及教育如何开展自身的"全面施工内部装修"工作。这些就构成了新时代我们做好教育工作将面对的新

特点。

让我们先形象地思考一下第一个问题：教育在国家建设"全面施工内部装修"阶段将处于什么地位，发挥什么样的作用？答案是基础性、民生性、决定性的地位和作用！教育必须提供施工装修的所有材料并深刻影响设计风格，即国家现代化大厦中使用的所有建筑材料是由教育提供的各类人才，而建筑装修的质量、风格则体现着教育的水平和品位。

基础性是根本性的，表明无教育不行，材质的好坏决定了建筑质量的高低；民生性表明教育的影响无处不在，所有的材料都是教育的产品，每一个环节、每一个点都有教育的影子，人民群众在大厦中享受美好生活时所看到的一切都与教育有关；决定性表明教育是影响生活质量与水平的关键，虽然材质和风格也可以凑合，但凑合了就不是美好生活，因为这些将影响人们的心情、心态，更将影响国家目标的实现。

过去的说法是先导性、全局性、基础性，这些地位和作用现在依然存在，也还在继续发挥作用，只是决定性相比先导性与社会更加相融相连、更为关键，民生性相比全局性更关涉每一个人、每一个点。幸福感是很个性化的东西，它以物质生活为基础但绝不仅限于物质层面，任何瑕疵甚至风格的差异都有可能导致对美好生活感觉的错位，社会的小事对个人而言就是大事。所以，在立柱架梁阶段，先导性和全局性等方向性、引领性、牵动性大事更重要；而到了"全面施工内部装修"阶段，细节决定成败，每一个环节、每一个点都会起决定性作用，进而成为关键。这就是时代的特征，教育的地位在提升，但更需要春风化雨，绵绵入心。

进一步分析，第一，教育现代化和教育强国是其他一切强国战略的前提和基础。十九大报告既提到了两个阶段的奋斗目标，也提到了为实现奋斗目标而实施的战略措施和一系列的强国建设方面和领域，如科教兴国战略、人才强国战略、创新驱动发展战略、乡村振兴战略、区域协调发展战略、可持续发展战略，以及教育强国、人才强国、科技强国、制造强国、质量强国、航天强国、网络强国、交通强国、海洋强国、贸易强国、文化强国、体育强国、平安中国、美丽中国、数字中国、智慧社会、中国精神、中国价值、中国力量、人类命运共同体等。这些均与教育密切相关，许多甚至完全取决于教育的成败。

第二，教育现代化和教育强国是社会和谐建设的基础。我们要建成的社会主义现代化强国，除了富强，还要民主、文明、和谐、美丽。就是说，我们不仅要在物质财富上高水平地满足人民生活需要，在世界上处于领先地位，而且必须在社会建设上充分满足人民健康多元的精神文明追求，在国际交往中富有文化魅力、价值观引领和环境吸引力。硬实力离不开教育，软实力更离不开教育，提高全体人员素质是社会和谐稳定发展的基石。

第三，教育现代化和教育强国是坚持社会主义发展方向的基础。青年兴则国家兴，青年强则国家强，现在的受教育者正是未来的国之栋梁。共产党人的探索实践证明，社会主义是当代最先进的社会制度，而未来的发展则依靠一代代年轻人的努力。当青年一代有理想、有本领、有担当时，国家就有前途，民族就有希望。未来属于青年一代，责任的重托在教育。

三、新时代教育工作的新特点

接下来，我们开始思考前面提出的第二个问题：教育如何开展自身的"全面施工内部装修"工作？这就引申出了新时代教育所具有的新特点。

第一，教育与社会深度融合。传统教育有两大功能，一是推动人的社会化，二是实现人的自我完善。当前我们处在一个实现伟大梦想的伟大时代，是全体中华儿女勠力同心、奋力实现中华民族伟大复兴中国梦的时代，是我国日益走近世界舞台中央、不断为人类作出更大贡献的时代，我们比历史上任何时候都更加接近于梦想实现。因此，教育应在支撑国家和帮助个人实现梦想中完成人的社会化与自我完善过程。过去，大学走出象牙塔表明了高等教育经由社会服务功能而与社会相融、相互促进；而今，教育的发展离不开社会的参与，人的成长过程必须与社会相融，实现德智体美劳全面发展。

第二，各级各类教育特色鲜明而贯通。当立柱架梁的任务完成后，在新时代站在新平台、新起点上，工作的内容方式将有很大的变化，分工将更为细化。过去，教育的体系制度搭建了起来，解决了有无、区分了特征、建立了联系，但属于事业迅速发展时期的粗放式经营，共性较多，而差异性体现得不足。下一步，教育将进入精加工阶段，需要精耕细作，各级各类教育、各个学校的差异性逐步显现、加大，你是你、我是我，各自的特点将更加鲜明，彼此之间的联系当然也需要畅通多样。这既是新时代社会分工多元变化的客观要求，也是教育规模变得庞大后彰显个性特征的必然选择。

第三，更加关注教育本质。教育是关乎人自身的事业，没有什么外在的东西比人自身更重要。过去，受条件所限，我们较多地关注了教育发展的外部因素，如经费保障、校园建设、教学设施、办学条件、制度环境等，以及统一的标识性标准，如考试成绩、获奖证书等。今后，需要更加关注人自身的成长，包括每个教育阶段的成长重点，如认知发展、心理健康、身体发育、个性特长等。

第四，精准解决突出问题。新时代面对的问题相对清晰、相对重大，也相对困难、相对敏感，总体上是发展过程中积累起来的老问题和发展后呈现出来的新问题共存，需要统筹规划、针对性攻关。在教育整体发展层面，需要针对发展的不平衡不充分问题，聚焦质量、公平的薄弱环节，攻坚克难；在学生个体发展层面，需要关注个性差异和多元需求，注重现代教育理念和教学手段的运用，深化教育模式改革，因材施教。

第五，社会主义办学方向的重要性更加凸显。社会的多元、开放的深化、体系的复杂、规模的庞大，使教育的立德树人根本任务变得更加突出和艰巨，因为这是社会和谐、稳定、发展的基础。面对由大到强的转变，我们需要坚持社会主义核心价值观，巩固56个民族你中有我、我中有你、谁也离不开谁的中华民族命运共同体，推动世界各国人民携手构建持久和平、普遍安全、共同繁荣、开放包容、清洁美丽的人类命运共同体。我们需要不断增加中国特色社会主义的国家魅力和吸引力，坚持社会主义办学方向不动摇。教育发展方向正确，国家的未来才能更加美好。

第六，将改革与制度建设相关联。新时代改革的特点是与制度紧密关联，需要把改革理念、成果及时转化为制度安排，实现国家发展的长治久安。因而全面深化改革和全面依法治国如机之两翼、车之两轮，不可或缺。既需要通过改革来激发发展的活力，又需要通过制度建设来落实改革任务、坚守优秀传统、遵循发展规律和迎接未来挑战。教育事关人才培养，关乎国家未来的健康发展，包括为谁培养人、培养什么样的人和怎么培养人等重大议题。改革本身不是目的，而是达到目的的手段。因此，教育改革的前提是要有正确的思想理念，在多元中立主导，在多样中谋共识，在多变中定方向。之后，要通过制度建设增强"四个意识"，坚持"四个服务"，保证办学方向和立德树人根本任务，办好人民满意的教育。

四、针对新时代新特点的教育实践应对

首先，加强教育标准建设。新时代是精加工精装修的时代，需要遵循规律、维护品质、尊重个性、扩大选择，标准即反映了对教育规律的掌握和把握。各类标准之间要有一定的逻辑联系，上位决定下位，否则大家都强调自身的重要性，会造成畸形发展，会产生新的不平衡不充分。按逻辑递进关系看，重要的教育标准有：成长标准，依据的是儿童青少年身心发育规律和人才成长规律；学校标准，依据的是本阶段教育活动开展的需求，不能都是课堂教学；学业或专业标准，学业标准反映了基础教育某大类课程的培养要求，专业标准体现了职业教育、高等教育等的专业规格；课程标准，体现了每门具体课程的内容、方式、目标等要求。前者是后者的依据，关系不能乱。

其次，关注每个个体成长。新时代是要彰显多元个性的时代，

人们对美好生活的认识和追求不同，需要在统一标准下寻求特色，和而不同、各美其美、美美与共、丰富多彩。这里面的个体包括学校和学生个人。我们要办好每一所学校、育好每一个学生，这是现代化教育的必然要求和努力方向。办好每一所学校就像建设、装修、布置好每一间房屋，任何局部的缺陷都是整体的遗憾。每所学校都关系着一批又一批人的未来，所以必须推动每所学校的特色、卓越发展。每一个人对社会而言也许只是沧海一粟，但对于家庭而言就是核心，而教育影响着人们未来和现时生活的幸福感。不同层次、不同类型的毕业生都应该并且能够出彩，新时代的教育需要内化于心，让每个学生都能健康成长。

最后，聚焦立德树人根本任务。新时代是坚定信念为实现伟大梦想而进行伟大斗争的时代。党的十九大报告回答了坚持、发展什么样的社会主义和怎样建设社会主义的问题，显示了中国特色社会主义的道路自信、理论自信、制度自信、文化自信和大国风范。我们现在的受教育者，将陆续成为社会主义事业的建设者和接班人，将见证几个重要历史时刻的到来，因此立德树人是根本任务，不能有任何闪失，需要在教育的各个环节全面加强。教育必须为人民服务，为中国共产党治国理政服务，为巩固和发展中国特色社会主义制度服务，为改革开放和社会主义现代化建设服务。

开启新征程：
更加关注教育的本质内涵

陈子季　马陆亭

习近平总书记多次强调要把人民对美好生活的向往作为工作的方向，党的十九大报告指出新时代社会的主要矛盾已发生变化。在"两个一百年"奋斗目标的历史交汇期，全面建设社会主义现代化国家的新征程已经开启。教育新征程的基础是："四梁八柱"已牢固建立，总体水平进入世界中上行列，开始进入"全面施工内部装修"阶段。未来发展将聚焦哪些重点，是我们特别需要重视的问题。

一、更加关注教育本质是新时代教育工作的重要特征

从新中国成立到改革开放再到十八大以来，教育取得了举世瞩目的成就，发生了历史性的变革。面向未来，我们要实现教育现代

化，建成教育强国。这里，既有由大变强的转换，也有硬实力和软实力的同在，教育的吸引力和魅力不可或缺。

在夯基垒台、立柱架梁阶段，我们建成了世界上最为庞大的教育体系，大幅度提高了第一人口大国的教育普及程度，各级各类学校的办学条件全面改善，教育法治制度基础基本确立，重点校优质教育的探索得到全球认可，教育的国际视野明显拓宽。在 2016 年，我国学前三年毛入园率为 77.4%，九年义务教育巩固率为 93.4%，高中阶段教育毛入学率为 87.5%，高等教育毛入学率为 42.7%，均高于中高收入国家平均水平。共有学校 51.2 万所，教师 1578 万名，在校学生 2.65 亿人。

同时，我们已形成了许多根本性和有共识的教育思想理念，如培养社会主义建设者和接班人、德智体美全面发展、教育优先发展、素质教育、教育与生产劳动相结合、依法治教、提高质量、促进公平、分级管理、高校党委领导下的校长负责制、现代学校制度、教授治学、特色发展等。

当然，我们的教育也存在一些短板和不足，主要体现在以下三个方面：一是教育发展的不平衡不充分问题，如区域、城乡、校际、人群、结构、德智体美全面发展的不平衡，观念先导、公平推进、内涵发展、制度保障、社会服务、国际参与的不充分等；二是教育的工具性外部特征明显，如过于看重分数、证书、升学、就业等个人显性外在要素以及规模、奖牌、等级、升格等学校粗放外延标签；三是理论与实践存在脱节现象，如一些倡导的方向与现实的做法存在着"两张皮"现象，许多家长、学校拼命追求的东西其实自己也并不喜欢。

因此，面向未来的教育需要内化于心，更加关注教育的本质，聚焦人自身的健康成长。过去，受外部条件制约，我们是穷国办大教育，由此较多地瞄向了教育发展的资源条件和统一标准。因为只有这样才能使社会各界更加重视教育，使教育实现优先发展，据此我们完成了为教育大业立柱架梁的重任。而进入新时代，随着社会和教育主要矛盾的转换，教育关注的重心和焦点需要适时调整，需要由外部条件保障深入教育本质内涵，更加关注人自身的成长命题。这也是教育强国建设的基础和教育现代化的必然。

二、聚焦教育本质就是关心每个学生的健康成长

站在"两个一百年"奋斗目标的历史交汇期、新时代的启程阶段，我们需要不忘初心，牢记使命，以全面贯彻党的教育方针、促进人的全面发展、办好人民满意的教育为根本，着力满足人民对美好教育的期盼。

教育有两大基本的社会功能：一是完成人的社会化，即孩子们要逐步成长起来，适应社会，由家庭人成为社会人；二是实现人的现代化，即人类是不断自我完善而向前发展的，人的成长应该是健康、进步和进化的，一代要比一代强。由此，人的身体、心理、认知、道德应该是和谐、健康、统一的，每个个体都是一个完整而不可分割的整体，既满足社会需要也满足自我发展需要。教育思想史上曾经有过实质教育和形式教育的争议，其实是各有其理，因为人的成长需要兼顾各个方面而不可偏废。当然，社会需求是多元的，人的个性特征是多样的，教育可以各有侧重而因材施教，但人的社会化和自我完善则都是必需的。新时代新征程更需要将二者完美地

结合起来。

首先，这是一个实现伟大梦想的时代。我们比历史上任何时候都更加接近中华民族伟大复兴的中国梦的实现，更加接近世界舞台的中央，理想主义精神会不断上扬。心中有梦想，未来有憧憬，行动就有力量。重要的是，这种梦想正在真实地、一步步地成为现实，人民的幸福感、获得感在不断增强。梦想成真离不开教育的有力支撑，教育的社会作用在不断加大，教育既是引领社会发展的引擎，又是激发社会活力的血液。

其次，这是一个个性发展更为充分的时代。随着物质生活水平的不断提高，人越来越成为世界的主人。而信息化、智能化的发展，又使得人的生存、交往和发展状态更加多元。现时的社会变化无穷、魅力无穷，年轻人眼中的世界正在以与过去迥然不同的方式呈现着。变化、选择、发展，既使人满足、充实，也使人焦虑，教育促进人健康成长的责任越来越重。

我们生逢其时，必须抓住机遇。现在，国家强盛基业和教育现代化建设的四梁八柱已牢固建立起来，我们更有精力去关注人自身发展这一教育的直接对象和核心命题。

人的成长必须是健康的成长，每个学生的健康成长都需要得到关注和保证。教育不仅是国家的基础，也是民生的基础；不仅决定着国家的未来，也决定着人们的幸福感。

三、聚焦本质需要逻辑化地建构教育标准体系

解决教育的主要矛盾，需要针对发展的不平衡不充分问题，不

断扩大优质教育资源供给，全面提高教育质量，不断满足人民对美好生活、优质教育的需求。但是，优质教育既是一个相对概念，也有认识上的问题。是否拔高就是好？恐怕不是。因为如果那样的话，极有可能出现教育越"优质"，百姓越不满意，对孩子成长越不利的情况。

质量是教育的生命线，是人民群众对教育的关注点，是新时代教育的中心工作。如何评价质量？答案是必须符合青少年身心发展和成长规律，符合教育规律，在总体框架下满足个性化的需求。孩子的成长就像一棵果树，从栽苗开始，浇水、施肥、嫁接、修枝、防虫环环相扣，该用力时不用力不行，不该用力时瞎用力也不对，要在正确的时候做正确的事情。这里面有科学依据，用对了力、做对了事才能结出丰硕的成果，恰到好处才能事半功倍。

现在教育改革发展的"四梁八柱"已搭建完成，下一步的"全面施工内部装修"将更加精细化，需要从标准做起。教育的标准反映了对教育规律的掌握及其程度，不同标准之间要有一定的逻辑联系，上位决定下位。制定标准的原则是宏观有序、微观搞活，体系内要相互衔接。按照逻辑递进关系看，重要的教育标准有成长标准、学校标准、学业或专业标准、课程标准。

1. 成长标准

分级分段的学生成长标准是一切教育标准的基础，其制定要以各年龄段、各教育阶段儿童青少年的身心发育成长和人才成长规律为基础，力求循序渐进而非拔苗助长，否则后患无穷。因为孩子们接受教育的阶段，也正是其身体、心智逐步发展成熟的阶段，绝不能以损害孩子身心健康为代价而单纯、超时、非理性地灌输知识。例如，该等到 10 岁时学的东西，让孩子在 7 岁就学了，事倍功半且不说，还极有可能影响孩子正常的身心发育，乃至抑制其好奇心、形象思维、创新力等。看似超前，看似好意，其实是好心办坏事。因此，成长标准是基础性工程，必须严格遵循生理、心理、教育科学的规律，真正发展素质教育，实现孩子德智体美劳全面发展。现行教育与成长标准不相符的地方，就是今后的改革内容。

2. 学校标准

学校标准一定要依据学生成长标准，依据本阶段教育活动开展的需求制定。在每个年龄段、每个教育阶段，孩子成长和发展重点是不同的，因此教育活动安排和教育内容模式也就不同。例如，在不同阶段需要有不同的户外活动场所设施、动手操作制作工具及实验设备等，还要有不同教育活动的时间配比安排，不能一提到学校就联想起课堂教学。各级各类教育在不同阶段有自己的目标，不同学校有自己的使命和定位。党和国家对人才培养的一系列要求，如立德树人根本任务以及社会责任感、创新精神和实践能力培养，要分布在不同成长阶段、通过不同学校来全面、贯通地落实，是久久为功而非一蹴而就的事业。各级各类学校要有针对性地抓住各学段的育人重点，各项教育活动都要跟上，学校标准需要配套。

3. 学业或专业标准

学业标准反映了基础教育某大类课程的培养要求，专业标准体现了职业教育、高等教育等的专业规格。它们不一定是越高越好，因为学业标准盲目追高求快有可能会违背规律，专业标准过于追高求细有可能会损害特色，我们需要以科学严谨的态度来认真对待。在凝聚共性的基础上，学业标准要适合、贴切，专业标准要为特色发展留出空间。学业或专业标准还需要突出每一阶段的发展重点，在认知能力、身心发展、合作意识、社会责任等方面提出相应要求。

4. 课程标准

课程标准体现了每门具体课程的内容、方式、目标等要求，是学业或专业中的一环，同时也不能脱离学生具体的成长阶段。其制定一是要考虑课程之间的联系，二是要考虑本课程与其他教育活动之间的关系，三是需确定本课程涉及的知识点、技能点、能力点及其培养方式。

四、面向未来需要引导学生合理搭建智能结构

心理学的研究认为：人有智能结构，智能结构是多元的，不同人的智能结构不同，合理的智能结构有助于能力的提升。因此，教育要帮助学生在认知方面搭建起科学且适合自己特长的智能结构。

知识、技能、思维力三足鼎立，共同支撑起人的智能结构。知识通过学习和记忆获得，技能通过培训指导和练习获得，思维力通过逻辑训练和心智开发形成，三者学习获得的规律不同。当前的育人问题，主要就是把知识学习和记忆当成了一切，学知识点、考知识点，忽略知识结构、智能结构的合理搭建，结果出现高分低能现象。

1. 知识

知识是人们在社会实践中获得的认识和经验，是能力获得的基础。一是现代社会的公民必须具备一定的基础知识和职业专业知识；二是知识可以用于训练思维，是培养思维力的元素或媒介；三是方法论知识可以指导学生的思维向高层级跃升。教育活动对知识

的选择需要兼顾以上三个方面，使学生拥有自身的结构化知识体系。

2. 技能

技能是完成某项任务的身体操作或心智活动的习惯性反应，是能力表现的手段。技能需要实际训练，光有理论知识是不行的。因此，在各个教育阶段都不能忽略学生的各种实践活动，如手工、劳动、实习、实践等，要对学业实践和社会实践予以安排。

3. 思维力

思维是在表象和概念基础上进行分析、综合、判断、推理等认知活动的过程，是人类具有新质的心理活动形式，也是人才培养的最高境界。思维力是人类一种特有的精神活动本领，可以渗透到各种能力之中，如学习能力、发现和解决问题能力、创新能力等，是能力培养、开发的主要标志。

思维力在人的智能结构中处于中心地位，对于学生获取知识、掌握技能、发展多方面的能力起着决定性的作用。而智能结构搭建得好，学生的思维层次就会提高，持续进行自我学习的能力就会增强，就能更好地应对未来的工作和成长需要。

进一步看，还有素质，它的包容性更强，因而发展素质教育是更根本的要求。除能力之外的素质，主要体现在"做人"上，而知识、能力主要体现在"做事"上。从人的社会化角度看，能力是谋生和发展的基础，而发展得好不好，则与社会责任感等为人处世的素质因素密切相关。因此，立德树人是根本任务。

新时代教育的新使命新挑战

韩 民

党的十九大报告确认了中国发展新的历史方位——中国特色社会主义进入新时代，提出了中国特色社会主义新时代的新战略，号召我们开启全面建设社会主义现代化国家新征程。认真学习贯彻党的十九大报告精神，深入领会新时代的内涵，深刻认识新时代教育发展的新机遇新挑战，研究制定新时代建设教育强国、加快教育现代化建设的新战略，是教育战略研究工作者的重要责任与使命。本文拟就十九大报告提出的新时代对教育发展提出的新要求、新使命、新任务，以及教育发展面临的新机遇、新挑战谈几点体会。

一、新时代对教育的新要求

随着中国特色社会主义进入新时代，作为其重要组成部分的中国特色社会主义教育事业也将迎来一个新时代。新时代赋予了教育新的历史使命，同时也对教育提出了一系列新的要求。

1. 从新时代的深刻内涵来领会对教育提出的新要求

习近平总书记在党的十九大上宣告："中国特色社会主义进入了新时代，这是我国发展新的历史方位。"关于新时代的内涵，十九大报告指出：新时代是决胜全面建成小康社会，全面建设社会主义现代化强国的时代；新时代是全国各族人民团结奋斗、不断创造美好生活，逐步实现全体人民共同富裕的时代；新时代是奋力实现中华民族伟大复兴中国梦的时代；新时代是我国日益走近世界舞台中央、不断为人类作出更大贡献的时代。实现这些宏伟目标的新时代必然会对教育提出新的、更高的要求：全面建成小康社会、全面建设现代化强国要求教育加快现代化步伐，提供更加有力的人才及智力支撑；创造美好生活、实现全体人民共同富裕要求教育为改善民生、促进社会公平发挥更大作用；实现民族复兴中国梦要求教育为国民提升素质、能力与技能作出更大贡献；走近世界舞台中央、为人类作出更大贡献要求培养更多能参与全球治理的国际化人才。回应这些新要求是新时代赋予教育的新使命。

2. 从新时代的新战略来领会对教育的新要求

十九大报告明确提出了"两个一百年"过渡期的战略目标，即在 2020 年全面建成小康社会的基础上，2035 年基本实现社会主义现代化，2050 年建成社会主义现代化强国。从全面小康到基本实现现代化再到建成现代化强国，发展阶段越高，对教育的要求也就越高。因为物质文明、政治文明、精神文明、社会文明、生态文明无一不是建立在国民素质基础上的，而国民素质的提高关键靠教育。经济建设、政治建设、文化建设、社会建设、生态文明建设，离不开教育的支撑。实施科教兴国战略、人才强国战略、创新驱动发展战略、乡村振兴战略、区域协调发展战略、可持续发展战略、军民融合发展战略，离不开人力资源开发和人才培养。

3. 从新时代赋予教育的新使命来领会对教育的新要求

十九大报告明确提出："建设教育强国是中华民族伟大复兴的基础工程，必须把教育事业放在优先位置，深化教育改革，加快教育现代化，办好人民满意的教育。"不难看出，上述教育战略目标蕴含着以下几方面的新要求。第一，建设教育强国。建设教育强国是建设社会主义现代化强国的必然要求，也是建设人才强国、科技强国、制造强国、文化强国的重要前提。第二，必须把教育事业放在优先位置，也就是要落实教育优先发展的战略地位。第三，加快教育现代化。教育现代化是国家现代化的基础，要实现国家现代化，必须率先实现教育现代化。第四，办好人民满意的教育。要把教育作为改善民生的重要抓手，更好满足人民群众对良好教育的需求。

改革开放以来，特别是党的十八大以来，随着教育优先发展战略地位的初步确立，我国教育事业发展迅速，教育机会大大增加，各级各类教育取得长足进展，人民对教育的满意度也有所提高。但是，相对于新时代赋予教育的新使命、对教育提出的新要求，教育仍面临诸多问题和艰巨挑战。

二、新时代教育面临的新挑战

十九大报告中关于新时代的一个非常重要的论断是社会主要矛盾的变化："中国特色社会主义进入新时代，我国社会主要矛盾已经转化为人民日益增长的美好生活需要和不平衡不充分发展之间的矛盾。"报告指出，一方面是随着温饱问题的解决，小康社会的实现，人民美好生活需要日益广泛，不仅对物质文化生活提出了更高要求，而且在民主、法治、公平、正义、安全、环境等方面的要求日益增长。另一方面，虽然我国社会生产力水平总体上显著提高，但是发展不平衡不充分，这已经成为满足人民日益增长的美好生活需要的主要制约因素。报告还指出，要清醒地认识到新时代仍面临不少困难和挑战，主要是："发展不平衡不充分的一些突出问题尚未解决，发展质量和效益还不高，创新能力不够强，实体经济水平有待提高，生态环境保护任重道远；民生领域还有不少短板，脱贫攻坚任务艰巨，城乡区域发展和收入分配差距依然较大，群众在就业、教育、医疗、居住、养老等方面面临不少难题；社会文明水平尚需提高；社会矛盾和问题交织叠加，全面依法治国任务依然繁重，国家治理体系和治理能力有待加强；意识形态领域斗争依然复杂，国家安全面临新情况；一些改革部署和重大政策措施需要进一步落实；党的建设方面还存在不少薄弱环节。"

十九大报告关于社会主要矛盾变化的精准判断及对发展不平衡不充分问题的深入分析，为我们认识和把握新时代教育发展面临的主要矛盾、主要问题与挑战提供了重要依据。就教育而言，新时代的主要矛盾转化为人民日益增长的良好教育需求和教育不平衡不充分发展之间的矛盾。教育发展的不平衡主要体现为数量、结构、质量与效益的不平衡，体现为各级各类教育发展不协调，教育发展在区域、城乡、校际及人群之间仍存在明显差距。而教育发展的不充分虽然有数量不足和机会短缺的问题，但主要是教育质量和效益还不能很好满足国家社会与人民群众的需要。推进素质教育任重道远，创新人才培养亟待加强。教育体制机制改革的部署与重大政策措施需要进一步落实，教育治理体系与能力建设有待加强。我国要建设教育强国，实现教育现代化，办好人民满意的教育，必须直面问题与挑战，付出不懈的努力。

当前，人民日益增长的良好教育需求和教育不充分不平衡发展之间的矛盾突出表现在以下几方面。

一是终身学习体系建设滞后，不能满足人民日益增长的终身学习需求。进入本世纪，特别是 2010 年颁布实施《国家中长期教育改革和发展规划纲要（2010—2020 年）》以来，我国在建设终身教育体系、促进各级各类教育协调发展方面取得了可喜进展。但是随着我国社会的迅速发展和人们生活水平的不断提高，相对于日益广泛且日趋多样化、个性化的终身学习需求，我国的终身学习体系和学习型社会建设仍然滞后，整个终身教育体系当中还存在明显的短板。比如，学前教育就是个薄弱环节。虽然十八大以来的五年间我国 3—5 岁幼儿学前教育毛入园率提高了近 13 个百分点，于 2016 年达到 77.4%，但仍不能满足社会日益增长的学前教育需求，特别是农村地区的学前教育发展滞后，普惠性、有质量的学前教育资源严重短缺。高中阶段教育是另一个短板。尽管普及高中阶段教育的目标已提出多年，但普及高中阶段教育的实际进展比较缓慢。2016 年我国高中阶段教育毛入学率为 87.5%，过去五年间只提高了 2.5 个百分点，远远低于高等教育和学前教育的增长幅度。高中阶段教育是终身学习体系中一个非常重要的教育阶段，联合国教科文组织的全民教育专家认为，一个人要很好满足 21 世纪生存与学习的需要，仅靠小学和初中阶段的基础教育是不够的，至少需要接受高中阶段教育。目前我国高中阶段教育的全面普及正在经历一个高原期，问题的关键在于高中阶段教育在办学模式上还没有成为面向人人的普及教育，特别是普通高中的办学模式仍在沿袭传统的、以升学预备教育为主要内容的精英教育和应试教育模式。因此，加快普及高中阶段教育的关键在于尽快实现高中阶段教育从高考预备教育、就业准备教育向面向人人的素质教育模式转型。满足日益增长的全民终身学习需求，还需要加强和办好继续教育。目前，继续教育在促进全民终身学习、促进教育公平和提高国民素质上的重要作用还没有充分发挥出来，继续教育中学历教育和非学历教育发展不平衡，同时也存在较大的区域、城乡、人群差距，对农村转移劳动力以及低学历、低收入群体等弱势人群继续教育的支持力度亟待加大。

二是教育发展不平衡，不能满足人民群众对教育平等与协调发展的需求。随着社会的发展，群众对教育公平的要求越来越高，而利益的多元化也给办人民满意的教育、促进教育公平带来诸多新挑战。当前，从教育公平的视角看，教育发展的不平衡主要表现为还存在明显的短板。相对于发达地区，欠发达地区是短板；相对于城市地区，农村地区是短板；相对于优质学校来说，薄弱学校建设是短板。随着教育机会公平性的逐步提升，人民群众对教育公平的关注转向了教育的质量和结果，而促进教育质量和结果公平难度要大得多。

三是教育在质量上还不能满足社会及人民对优质教育日益增长的需求。教育进入新时代的一个重要特点，是随着教育的发展，人民群众的教育需求从"学有所教"转向"学有优教"，从过去比较关注受教育机会，转向更多关注教育质量。社会的人力资源需求也开始发生变化，对高素质人才、拔尖创新人才的需求越来越大。但是，我国教育的质量总体不高，不能适应社会及人民群众的需要。

特别是囿于长期以来的应试教育模式，我国教育在学生的核心素养与关键能力，特别是解决问题能力、创新创业能力、实践动手能力等的培养上仍然很薄弱，不能适应建设创新型国家、人才强国、科技强国和制造强国的需要。素质教育的推进依然任重道远。放眼世界，21世纪教育发展呈现出普及化、终身化、开放化、多样化、优质化、个性化、信息化等特点。这些对教育质量提升提出了新挑战。各国应对这些挑战、推进教育改革的共同趋势是重新定义教育质量，越来越关注核心素养、能力以及技能的培养。经济合作与发展组织在2005年提出了知识社会的"三大关键能力"，即综合运用社会、文化、技术资源的能力，在异质社群中进行人际互动的能力，以及独立自主行动的能力；欧盟在2005年提出了"终身学习的八大核心能力"的概念，即母语沟通能力，外语沟通能力，数学、科学与技术的基本能力，信息技术能力，学习能力，人际交往、跨文化交往能力与公民素养，企业家精神，以及文化表达能力。而美国则提出了"21世纪需要的技能"的概念，包括学习与创新技能、生活与职业技能，以及信息技术技能三大领域。我国近年虽然也提出了"核心素养体系"的概念，但要真正落实到教育教学实践中仍须付出巨大努力。

联合国在《2030年可持续发展议程》中提出，2030年的全球教育发展目标，是"实现包容、公平和高质量的教育，促进全民享有终身学习机会"。由此可见，强调教育公平、教育质量和终身学习是未来教育发展战略的核心。

三、新时代呼唤教育发展新战略

十九大报告明确提出了新时代建设教育强国、实现教育现代化的战略目标和任务，要加快实现这个目标和任务，必须在教育发展战略方面进行必要调整。

第一，必须坚持把教育摆在优先发展的战略地位，加大教育投入，支持教育率先实现现代化。全面建设教育强国，为人才强国、科技强国、文化强国、制造强国提供有力支撑。

第二，加快终身学习体系和学习型社会建设，深化教育体制机制改革，构建终身学习"立交桥"，动员社会资源支持全民终身学习，着力加强学前教育、高中阶段教育和继续教育。

第三，继续大力促进教育公平，着力缩小教育中的城乡、区域、校际和人群差距，提升教育在促进社会公平方面的有效性。

第四，把全面提高教育质量摆在教育强国战略的重要位置，确立素质教育、能力本位的质量观，深化教育教学改革，全面加强学生践行社会主义核心价值的能力、创新能力、解决问题能力、实践能力和社会参与能力的培养。全面提高教师的地位、素质与能力，更好发挥教师在提升教育质量上的关键作用。

（原文发表于《终身教育研究》2017 年第 6 期）

新时代中国教育的
典型特征与发展策略

高书国

党的十九大报告提出，要坚持和发展中国特色社会主义，总任务是实现社会主义现代化和中华民族伟大复兴，在全面建成小康社会的基础上，分两步走，在本世纪中叶建成富强民主文明和谐美丽的社会主义现代化强国。新时代中国特色社会主义的奋斗目标是：到建党 100 年时全面建成小康社会，到新中国成立 100 年时，基本实现现代化，把我国建成社会主义现代化国家。

第一个阶段，从 2020 年到 2035 年，在全面建成小康社会的基础上，再奋斗 15 年，基本实现社会主义现代化。到那时，我国经济实力、科技实力将大幅跃升，跻身创新型国家前列；人民平等参与、平等发展权利得到充分保障，法治国家、法治政府、法治社会基本建成，各方面制度更加完善，国家治理体系和治理能力现代化基本实现；社会文明程度达到新的高度，国家文化软实力显著增强，中华文化影响更加广泛深入；人民生活更为宽裕，中等收入群体比例明显提高，城乡区域发展差距和居民生活水平差距显著缩小，基本公共服务均等化基本实现，全体人民共同富裕迈出坚实步伐；现代社会治理格局基本形成，社会充满活力又和谐有序；生态环境根本好转，美丽中国目标基本实现。

第二个阶段，从 2035 年到本世纪中叶，在基本实现现代化的基础上，再奋斗 15 年，把我国建成富强民主文明和谐美丽的社会主义现代化强国。到那时，我国物质文明、政治文明、精神文明、社会文明、生态文明将全面提升，实现国家治理体系和治理能力现代化，成为综合国力和国际影响力领先的国家，全体人民共同富裕基本实现，我国人民将享有更加幸福安康的生活，中华民族将以更加昂扬的姿态屹立于世界民族之林。

从历史角度分析，新中国教育发展历程按其特征可以划分为四个阶段：一是穷国办大教育；二是大国办大教育；三是大国办强教育；四是强国办强教育，即未来的现代化强国举办更强大的教育。教育具有基础性、超前性和战略性。从总体上判断，我国教育正处于大国办强教育的发展阶段。《国家中长期教育改革和发展规划纲要（2010—2020 年）》（以下简称《教育规划纲要》）明确提出，到 2020 年基本实现教育现代化，这将为国家现代化奠定教育与人力资源的坚实基础。

一、根据新时代中国特色社会主义思想和基本方略，确定中国教育未来发展总体战略

十九大报告提出，"建设教育强国是中华民族伟大复兴的基础

工程"。发展具有中国特色、世界水平的现代教育和建设教育强国是未来中国教育发展的总任务。中国特色社会主义进入了新时代，这是我国发展新的历史方位。这是中国教育实现从大到强、建设教育强国的新时代，是中国教育适应更高层次开放型经济、促进人的全面发展的新时代；是中国人民享受世界水平现代化教育的新时代，是中国教育更加自信地走向世界舞台中心的新时代。

建设教育强国是中华民族伟大复兴的基础工程，十九大报告第一次将其写入中国共产党全国代表大会报告，使其成为全党和全国人民的奋斗目标。这是党中央发出的动员令，这是教育在中华民族复兴伟业中的新定位、新使命，是新时代中国特色社会主义教育事业的新特征、新征程。

结合我国实际，建设教育强国要实施"两步走"战略：第一步：到 2020 年，全面落实《教育规划纲要》，实现全面建成小康社会的教育目标，相比国家的现代化目标提前 15 年基本实现教育现代化，基本建成学习型社会，进入人力资源强国行列，教育发展的主要指标达到中等收入国家先进水平。第二步：到 2035 年，教育质量和教育竞争力、影响力全面提升，实现从追赶到超越的战略转变，进入高人类发展指数国家行列，相比国家的现代化强国建设目标提前 15 年基本建成现代化教育强国，进入人力资源强国行列。

二、不平衡不充分的发展既是我国教育发展面临的主要矛盾，更是其阶段性特征

2016 年，全国学前教育毛入学率已经达到 77.4%，小学净入

51

学率达 99.9%，初中阶段毛入学率为 104%，高中阶段教育毛入学率达到 87.5%，高等教育毛入学率达到 42.7%，进入中等发达国家中上水平。一流大学建设取得明显成效，北京大学在 2017 年《泰晤士高等教育》世界大学排名榜中排第 27 位，清华大学排第 30 位。

我们要深刻理解十九大报告精神，深刻理解中国不平衡不充分发展的内在含义和外在表现。中国教育发展面临的主要矛盾已经发生重要变化，人民日益增长的对更高水平、更高质量和更加多样教育的需求与不平衡不充分的教育发展之间的矛盾已经成为教育面临的主要矛盾。在教育上，人民群众不仅需要全面发展，更需要多样化发展、个性化发展和可持续发展。教育发展已经进入新阶段，其主要矛盾已经从规模增长转变为质量提升。因此，必须主动适应新时代教育发展从大到强的新趋势、新特点和新需求，建立"投资于人就是投资于质量"的新的发展观。

教育发展的不平衡不充分，主要体现在以下几个方面：区域发展不平衡——东中西部教育发展差距依然明显；各教育层次发展不平衡——学前教育、高中阶段教育和终身教育发展存在薄弱环节；校际发展不平衡——人民群众在家门口"上好学"的愿望还不能得到充分满足；人际发展不平衡——智力贫困的代际传递现象还不同程度地存在。进一步分析，教育的硬件与软件发展不平衡，对物的投资与对人的投资不平衡，重硬件投入，轻软件投入。

从现代化要素分析，不平衡不充分主要体现在物质层面、精神层面和制度层面。一是在物质层面，较高水平的物质条件是教育现代化的基本条件。目前，我国教育的基础条件投资不充分，在教育经费、师资保障、校舍条件和信息化等诸多方面还存在发展不充分的问题。面对建设教育强国的新任务，无论是在教育法律建设、教育战略规划和教育政策等宏观层面，还是在教育体系、教育结构和教育质量等中观方面，抑或是在学校建设、教师素质和公共教育资源准备等方面均存在着一定差距。二是在制度层面，制度成熟是教育现代化的本质要求。我国尚没有形成与建设教育强国要求相适应的制度体系，教育现代化标准、教育质量标准以及治理能力现代化水平都还存在许多不足，尚没有适应非正规学习超越正规学习的新时代，互联网背景下全民终身学习的法律框架、体制机制还没有建立起来。三是在精神层面，建设中国特色社会主义文化教育是新时代教育发展的重要任务。中国特色社会主义教育理论尚在酝酿、发展和成熟之中，对于中国教育现代化成功经验和成功模式尚缺乏科学、系统和全面的理论提升。

三、建成支撑社会主义现代化强国的教育强国，是实现教育"四个自信"的必经之路

从实现"四个自信"的视角，可以更加深刻地理解教育发展不平衡不充分的矛盾。一是在道路方面，我国已经成功走出了一条中国特色社会主义教育发展道路，为发展中国家树立了榜样，但是这条道路并非一路平坦。中国特色社会主义教育道路仍然在探索之中、不断发展之中和不断完善之中，仍有广泛的探索和发展空间。中国教育如何适应区域协调发展战略的新需求，如何在乡村振兴战略中发挥更大作用？中国需要发展什么样的农村教育？这些都是未来中国教育必须回答的战略问题。二是在理论方面，中国特色社会

主义教育理论的构建仍然有很大的空间，教育理论在科学性和完整性方面，教育模式在可复制性和可持续性方面，都对理论工作者和实践工作者提出了新要求和新挑战。三是在制度方面，中国教育制度建设依然不够全面和均衡，教育法治建设仍然面临着艰巨任务，存在着很大的发展空间，需要建立与教育现代化和教育强国相适应、覆盖各个教育层级和教育领域各个环节、全面系统科学的法律制度体系。四是文化方面。"五四"以后，马克思主义中国化取得了全面和标志性的成果，习近平新时代中国特色社会主义思想，是从大国迈向强国的新的理论架构，具有重要的历史地位和指导意义。如何促进中国化的马克思主义实现国际化，成为未来中国发展包括中国教育发展的新使命。

四、面对教育发展不平衡不充分，既要解决过程性矛盾，更要解决结构性矛盾

建设教育强国阶段与建设教育大国时期的主要任务、发展思路和发展战略不同。在"有学上"的矛盾基本解决之后，"上好学"的矛盾日益突出，科学合理地解决这些矛盾既需要"成长时间"，更需要结构调整。与新时代更高层次开放型经济发展需求相比，与人民群众日益增长的高水平高质量教育需求相比，我国教育供给侧结构性改革的需求日益凸显。这些结构性的矛盾不解决，基本实现现代化、建设人力资源强国和教育强国的战略目标都将难以实现。

建设教育强国需要强有力的资源特别是财政资源支撑，实现教育资源配置方式转变、改善教育投入结构，是提高教育质量、培养

高质量人才和建设教育强国的必备条件。中国教育经费总额已经从 2000 年的 2700 亿元增长到 2015 年的 36129 多亿元，占国内生产总值的比例为 4.26%，增长了 12 倍多。常言道，以质图强。面对新时代教育发展的新要求、新战略和新挑战，现有教育财政体系和经费使用体制机制存在的主要问题表现在以下方面：一是教育经费投入不平衡不充分的矛盾日益突出；二是家庭教育、学前教育和学习大国建设等教育发展的"新领域"经费结构性短缺和不充分现象严重；三是在对物的投入与人的投入方面，教育经费配置不合理，结构性矛盾日益凸显；四是对于教育改革和教育制度建设投入不平衡不充分；五是城镇化进程中，中小学生自由流动，资金与教师资源不流动，结构性矛盾凸显。建设教育强国，必须发挥制度优势，汇聚战略资源，形成改革动力，形成社会合力。

为此，我们建议根据习近平新时代中国特色社会主义教育发展的新定位，紧密结合实现国家现代化和社会主义现代化强国建设的新需求，研究制定"2018—2035 年中国教育现代化"战略规划，以期为中国教育强国建设和整体教育发展提供新动力。

（原文发表于《中国教育报》2017 年 11 月 29 日第 10 版）

2030 年中国
将回归世界教育中心

高书国

教育中心分为三个层次：国家教育中心、国际性区域教育中心和世界教育中心。世界教育中心是一个体系，要经历一个发展过程。世界教育中心不是在"漂移"，而是一个不断完善的宏观教育体系。

18—19 世纪，德国和英国成为世界教育中心，20 世纪，美国成为世界教育中心。在世界政治、经济、科技中心发生转移的大背景下，教育中心正在发生战略性调整。21 世纪，日本的东京和中国的北京将成为世界教育中心城市。预计到 2030 年，在北纬 30°—45°，将形成以德国柏林、英国伦敦、美国纽约和华盛顿、日本东京以及中国北京为主的 21 世纪世界教育中心城市带，引领和带动世界教育发展。

由此可以预见，建设世界教育中心，是 2030 年中国教育发展目标的战略选择，也是推进和实现教育现代化的必然选择。

一、回归教育中心地位是中国教育发展的战略趋势和必然选择

1. 经济强国需要教育强国

2016 年 12 月 15 日，德国《商报》网站刊文指出：中国经济发展强劲，增速比所有发达国家都快。2014 年 5 月 8 日，彭博社报道，英国宏观经济分析与预测机构牛津经济学公司发布的《世界750 座大城市未来的机遇与市场》报告指出，到 2030 年，全球最大的 50 个城市经济体排名中，将挤进 9 个新的中国城市，中国城市在其中将占据 24 席，欧洲将有 8 个城市跌出榜单。中国这 24 座城市的总量将超过北美，是欧洲的 4 倍。上海在未来 30 年乃至更长的历史时期内将成为具有国际竞争力的全球城市。

建设教育强国是世界潮流，经济强国呼唤教育强国，世界经济中心呼唤世界教育中心。中国正在从一个经济大国转变为一个经济强国，从一个教育大国转变为一个教育强国，从一个人力资源大国转变为一个人力资源强国。中国的崛起将改变世界，中国崛起的方式更将影响世界的未来和发展方向。大国崛起必然要对现实世界的利益格局、权力格局和国际体系产生冲击。

伴随中国综合实力的增强，特别是中国教育培养能力、教育发展模式影响力的不断提升，中国将重回世界教育中心。这是中国教育与人力资源开发的一件大事，也必将影响世界教育发展的总体格局。在 21 世纪第三个十年到来之际，在中国这样一个人口占全球五分之一的发展中国家建设教育强国，不仅将推进中国的现代化进

程，更将改变世界教育格局和人力资源开发版图。

2. 教育中心是教育综合实力的集中表现

世界教育中心具有全球教育思想中心、信息中心和研究中心等多种功能，将在全球知识创新、知识生产、知识扩散、知识使用中发挥重要作用。世界教育中心在发展速度、发展质量方面都将优于其他地区，成为世界教育发展的重要增长点。

意大利是中世纪西方高等教育的重要策源地，以博洛尼亚大学等为代表的意大利大学是世界最早的高等教育中心。至 17 世纪，高等教育中心转移到英国，牛津大学、剑桥大学闻名遐迩。18 世纪后半期，法国率先完成了近代高等教育改革，巴黎理工学校和巴黎高等师范学校成为新型的世界高等教育中心。19 世纪中叶，以柏林大学为代表的德国大学成为新的世界高等教育中心，也成为世界各国求学者顶礼膜拜的圣地。第一次世界大战以来，特别是第二次世界大战以后，美国逐渐发展成为世界高等教育中心，至今仍是高等教育最发达的国家。

教育中心是一个国家教育综合实力的集中表现，是该国教育发展水平的重要标志。教育中心对于世界教育改革和发展发挥先导作用，并通过示范和辐射作用，带动国家、区域甚至全球教育整体改革和全面发展。

3. 中国具备重回世界教育中心的优势和潜力

从文化历史维度看，我国在唐代（618—907 年）成为世界最重要的教育中心之一。唐朝国力强盛、经济繁荣、文化灿烂，达到了中国封建社会发展史上的高峰。中国古代教育中心是教育决策和控制中心、封建高级官僚和各类人才的培养中心、科举考试中心和最高学府所在地。有研究表明，中国宋朝的小学教育普及率达到

30%以上，在当时的世界位居第一。北京有 3000 多年的建城史和 800 多年的建都史，文化积淀深厚而独具优势。

从未来潜力看，中国是世界经济发展和教育发展的主要成长力量。2016 年，中国高等教育毛入学率达到 42.7%，进入高等教育大众化高层次阶段。就整体发展水平而言，中国教育已经达到中高收入国家水平，正在跨入人力资源强国的门槛。根据清华大学国情研究中心的分析，2030 年中国工程师和科学家数量将占世界近三分之一。

从战略优势分析，中国举办着世界最大规模的教育，具有最好的教育成长性，中国教育发展成就受到国际组织和世界许多国家的肯定。具体而言，中国教育具有现代化的后发优势、国家整体动力的制度优势、低成本高效率的模式优势、全社会及公民个人参与的文化优势、以严谨为基础的质量优势。

学术界有一种普遍的观点：最好的高等教育在美国，最好的基础教育在中国。2017 年 3 月 14 日，上海版小学数学教材在伦敦书展上签约，将推出英文版，当年秋季起变成英国小学教材，就是一个例证。

二、世界教育中心城市建设的中国目标

2030 年，世界教育的总体格局将形成以英国、德国和法国为核心的欧洲教育中心，以美国为核心的北美教育中心，以及中国、日本为核心的东亚教育中心。其中，欧洲形成以英国、德国和法国为主体的国际区域性教育中心，亚洲形成以中国、日本为主体的国际区域性教育中心，北美洲形成以美国为核心、以加拿大为辅的国际区域性教育中心。

1. 中国教育中心城市体系建设目标

随着中国重回世界教育中心，作为一个地域广阔的国家，中国也将构建一个以北京（天津）、上海、成都和西安为核心的国家教育中心体系。同时，从国际区域教育发展和中国战略目标需求出发，在全面建设省级中心城市的基础上，将重点建设昆明、沈阳、乌鲁木齐三个中心城市，分别在东南亚、东北亚和中亚地区发挥作用。未来中国教育中心城市体系建设可分为两个阶段。

第一阶段：到 2020 年，北京建成现代化全国教育中心，上海成为具有国际影响力的教育次中心。这一阶段的主要标志是：建立与社会主义市场经济体制相适应的教育体制和运行机制；北京的教育综合实力和服务能力明显增强，率先基本实现教育现代化，率先建立终身教育体系，教育发展水平继续保持全国领先地位，达到中等发达国家首都的教育发展水平；北京大学、清华大学等部分大学跻身世界一流大学；北京和上海高等教育毛入学率达 60% 以上，市民人均受教育年限达 12 年以上；教育的开放程度和国际化水平进一步提高，教育产业开始走向成熟，并成为首都经济的支柱产业。

第二阶段：2030 年，以北京、上海、成都和西安为主，形成全国教育中心的基本框架。北京和上海建成全球重要的国际性区域教育中心。这一阶段的主要标志是：全面实现教育现代化，教育发展水平达到发达国家首都的水平；高等教育毛入学率达 60% 以上，人均受教育年限达 14 年左右；国际区域性教育机构的总部或分支机构明显增加，北京和上海教育的国际影响力明显增强，外国留学生与中国大学生之比提高到 8%—10%。

预计在 2030—2035 年，北京将与伦敦、纽约、柏林以及东京共同成为全球五大教育中心。这一阶段的主要标志是：北京与世界最发达国家的首都齐名，共同跻身世界教育中心行列，成为国际性知识创新中心和教育创新中心；中国教育在促进中国经济社会全面进步和国家科技教育发展的同时，更多地承担教育的国际义务，促进世界教育改革和发展。

2. 中国将在 2030 年实现对发达国家的战略追赶

在现代教育发展过程中，发达国家长期处于领先地位。但是，人均受教育年限是有"天花板"的。教育部教育发展研究中心对1950—2030 年中美教育发展进行了跟踪比较，发现 1950 年时中国人均受教育年限仅相当于美国的 11.90%，而 2030 年时这一比例将达到 92.2%。

三、中国成为世界教育中心的战略应对

1. 构建一个与中国大国地位相适应的开放教育体系

教育体系是指相互联系着的各种教育机构的总系统，包括学前教育机构、学校教育机构以及为终身学习和职业发展所设立的各种文化技能教育机构。建设与中国未来强国地位相适应的教育体系，是中国教育改革和发展的重要使命，是 21 世纪中国教育发展的重点任务和重要支撑，其最重要的特点是开放性、普惠性和均等化。

第一，将中国教育体系放在世界教育体系之中加以思考、规划和建设。国家教育体系是世界教育体系的一个组成部分，中国教育体系将更多地建立与全球教育体系的正规联系和纽带关系，从国家、地区和学校三个层面，加强中国教育体系的国际化建设；

通过现代信息网络，与国际教育组织、各国大中小学建立基于网络的现代化国际教育体系，使中国教育特别是中国受教育者从中受益。

第二，将中国建设成为世界重要的教育中心。从教育发展和国家总体战略考虑，中国需要构建以城市为主导的四级教育中心网，形成以北京为代表的全国教育中心，以上海、成都、西安为代表的全国性区域教育中心，以省会城市为代表的区域教育中心和以市、县级城市为代表的地区教育中心，它们将成为 21 世纪中国教育的增长极，带动全国教育改革和发展。与此同时，未来中国教育中心建设将形成"三个铁三角"，即中国需要构建区域教育中心体系，支持国家教育中心体系建设。在东北地区，将沈阳建成教育中心城市，扩大中国教育在东北亚地区的国际影响；在西北地区，将乌鲁木齐建成教育中心城市，辐射整个中亚地区；在东南地区，发挥广东、云南和广西的地理优势，打造东南亚教育中心城市。

第三，举办世界水平的高质量教育。一是推进义务教育优质均衡发展。加强义务教育城乡一体化建设，着力缩小区域、城乡和校际差距，推进市域内均衡发展。提高九年义务教育巩固水平，探索将学前一年纳入义务教育的体制机制。二是为制造业强国培养"大国工匠"。发展高水平的现代职业教育，建立与国家产业、地方产业和区域产业相匹配的人才培养结构，满足经济转型和产业结构调整对人才培养的多样化、个性化、定制化的新需求。三是建立中国特色、世界水平的教育质量标准、课程教材体系和质量保障体系，向世界输出中国课程和教材，提升中国教育软实力。

第四，构建具有中国特色的世界最大的学习型社会。学习型社会是现代社会经济发展的产物，是教育现代化的标志之一。建立学习型社会，就是要建立学习之邦，全面培养全民族的科学文化素质。构建人才成长立交桥，推进完全学分制建设，建设学分银行，探索建立多种形式学习成果的认定转换制度，研究普通高校、高职院校、成人高校学习成果积累与转换途径，实现学分转换，拓宽终身学习通道。各级政府要通过立法、规划、组织和财政等方式，扎实推进学习型社会建设，真正实现人人皆学、时时可学、处处能学。

2. 成为世界教育改革和发展的引领者

第一，教育思想引领世界。以中华优秀教育文化为基础，以中国现代教育思想为主体，学习借鉴人类优秀教育文化，构建具有中国精神、中国特色的现代教育思想体系，逐步扩大中国教育思想的国际影响力，引领世界教育改革和发展。中国成功的教育实践，系统的教育思想、教育理论、教育模式，将为世界各国特别是发展中国家提供经验、样板和模式。

第二，教育改革引领世界。中国是世界教育改革和发展的最大"实验场"，中国的教育改革不仅关乎中国人民的利益和福祉，而且日益关系世界教育改革的方向与趋势。伴随中国经济社会发展及国际影响力的不断扩大，中国的教育改革正在日益深刻而广泛地影响世界。未来中国在教育体制、教育制度、教育内容、教学方法等方面的一系列改革，将成为影响世界教育发展的重要因素。

第三，教育质量引领世界。中国基础教育以其质量蜚声海外，将引领未来世界基础教育发展。例如，按照国际标准研发教育软件，采用慕课、微课等现代模式，实现虚拟与现实的交互与融合，向世界输出优质教育资源。中国应积极参与全球教育治理，积极参与制定世界教育质量标准，为国际教育标准和制度建设作出贡献。2030年，中国将有一大批大学在基础研究和应用研究方面达到世界一流大学或一流学科的水平。

3. 持续增加教育投入，完善教育资源分配体系

一是确保教育经费投入持续增加。完善以政府投入为主、多渠道筹集经费的体制，保障教育经费持续增长。2020 年，财政性教育经费占国内生产总值的比重将达到 4.5%，实现中国对联合国的承诺——公共教育支出占公共财政支出比例不低于 15%—20%。采取政府、专业机构和第三方评估机构相结合的方式，加强教育经费使用效益的监督与评估。

二是健全完善普通学校基本投资标准。根据办学条件基本标准和教育教学基本需要，考虑物价上涨因素，研究制定各级学校生均经费基本标准。2020 年前完成生均经费基本标准体系建设，建立从幼儿园、小学、初中、高中到大学完整的生均经费基本标准体系，进一步缩小区域之间教育经费投入差距。完善非义务教育培养成本分担机制，建立更加完善的资助体系，确保贫困家庭子女不因贫困而失学，保障国家重点需要和战略需求人才培养。

三是鼓励社会资本进入公共教育服务领域。放宽社会资本进入公共教育服务领域的门槛，鼓励社会资本以多元主体、多种方式进入社会事业领域。允许社会资本参与政府投资的社会事业项目的建设和运营。吸收社会资本参与重大科研基础设施建设，形成服务公共科学研究、学术创新、开放共享的科学研究平台。通过 PPP（政府和社会资本合作）模式建设和运营，让社会资本参与项目的立项、设计、建设、运营和分配的全过程。政府与社会资本建立长期合作关系，通过项目融资、特许经营、政府购买服务等方式，实现风险共担、互利共赢。扩大政府购买服务范围，对符合条件的非营利性民办学校，按同类公办学校生均教育事业经费的 20%—50%给予补助。

四是建立与终身学习相适应的经费支持体系。建立与终身学习相适应的教育经费保障体系和保障机制。在终身学习经费筹措和使用上，实施规范化的成本分担机制、合作性的风险共担机制、透明的监督评价机制，实现政府、企业、社会、学校、家长和学生等方面共同分担，利益共享。促进地区建立与企事业单位员工工资总额挂钩的终身学习基金制度，科学用好企业职工工资总额中 1.5% 的教育与培训经费。

五是加强对教育发展薄弱环节的重点投入。确定重大项目，加强农村地区、贫困地区、民族地区教育公共服务能力建设，遏制欠发达地区与发达地区教育发展差距拉大势头，率先在发达地区实现 12 年免费教育。加快西部地区高等教育发展，在各相关省份重点建设好 1—2 所高等学校。2030 年，实现西部各省份 50% 的地级市最少拥有一所高等学校的目标。

4. 中国教育启动"双向国际化"

中国是推进世界教育发展的重要力量，中国教育国际化是全球教育国际化的重要组成部分。习近平总书记强调："中国愿同世界各国一道，开拓更加广阔的国际交流合作平台，积极推动信息技术与教育融合创新发展，共同探索教育可持续发展之路，共同开创人类更加美好的未来。"

第一，增强中国教育的国际竞争力。首先，中国将成为世界最重要的留学生目的地国。2010 年中国政府启动"留学中国计划"。到 2020 年，当年接受外国留学生的规模将达到 50 万人次。2030 年，将达到 100 万人次，真正成为世界留学生大国。2015 年 9 月 26 日，习近平主席宣布，中国将在未来 5 年向 600 个重大海外项目提供支持，并将向发展中国家提供 12 万个来华培训和 15 万个奖学金名额，为发展中国家培养 50 万名职业技术人员。其次，以"一带一路"引领和推进教育对外开放。发挥高等教育在与沿线国家人文交流中的桥梁作用，发挥沿线各国高等教育界在"一带一路"建设中的智库作用，发挥高等教育在增强沿线国家互信中的催化作用。在"一带一路"框架下，教育合作需要企业的深度参与，以产业合作相关布局、项目作为合作办学的着力点和方向，培养出适应"一带一路"倡议、沿线各国和地区经济社会发展需要的人才。最后，进一步完善国际教育政策，促进跨境人口流动。为适应中国教育改革开放的新局面，需要不断总结实践经验，不断完善国际教育相关政策。让来中国接受教育的外国人在住房、交通、医疗方面享有市民待遇。未来中国将建设一支世界一流的教师队伍，并有可能成为世界义务教育重要的师资培养和培训中心。

第二，全面参与世界性教育质量评估。国际教育评估项目，是国际性的教育评估工具，也是展示各个国家和地区教育水平、质量与成就的重要平台。中国应积极而有计划地参与 PISA（国际学生评估项目）等国际教育评估项目，客观评估中国教育的发展水平，肯定成绩，改进不足，调整政策。参与国际教育评估项目是未来中国教育国际化的重要内容，是树立中国教育自信的重要手段。

第三，成为全球教育治理的重要参与者。一方面，中国要成为全球公共教育政策的重要制定者。中国应积极主动地参与国际教育发展与交流进程，促进全球教育思想、教育体系和教育标准建设。积极参与联合国主导下的全民教育政策研究与制定工作，结合中国普及义务教育、扫除文盲和消除性别差距的成功经验，为发展中国家提供参考。研究制定服务地区教育与人才开发的公共教育政策，在区域性国际教育规划、跨境资格鉴定、学历学位授予等方面率先取得突破。另一方面，中国要成为世界最重要的教育资源中心。中国拥有世界最大规模的教育，拥有丰富的教育资源，包括学位资源、教学资源和教师资源，可以为想到中国学习的外国人提供有质量的基础教育、职业教育和高等教育学习机会及学习资源。到2030年，中国将成为世界最重要的教育信息中心之一。未来中国将把开发具有中国特色和世界水平的教育课程资源纳入教育发展议程。

5. 全面提升中国教育理论与模式的影响力

中国教育发展道路、发展模式和发展理论，是对中国教育改革发展取得成功的经验总结。从道路自信到理论自信，从制度自信到文化自信，是一个持续不断而又具有重大意义的伟大征程。

对中国教育改革发展成功经验的理论总结主要包括四个方面：一是科学梳理中国教育改革发展的实践路径；二是研究中国教育改革发展对于发展中国家及全球教育的深刻影响；三是分析提炼中国教育改革发展的成功经验；四是深入开展东方教育思想的复兴、影响与竞争力研究。这是中国教育学者的重要责任，必须提炼出真实反映中国教育改革发展现实，具有普遍价值和意义的发展理论与模式，为发展中国家提供可资学习、具有操作性的政策路径。

中国梦是中国的，也是世界的。实现中国教育梦，必须增强中国教育的文化自信，推进人类的物质文明和精神文明。教育思想、教育理论和教育模式创新是中国教育发展的新使命，也将是中国教育对世界教育作出的重要贡献。

（原文发表于《中国教育学刊》2017 年第 4 期）

正确认识新时代
教育优先发展战略

窦现金

习近平总书记在党的十九大报告中明确提出：中国特色社会主义进入新时代，我国社会主要矛盾已经转化为人民日益增长的美好生活需要和不平衡不充分的发展之间的矛盾。这是一个非常重大而科学的政治论断，对正确认识新时代教育优先发展战略具有十分重大的意义。

教育是民族振兴、社会进步的基石，是促进人的全面发展、开发利用人力资源的根本途径，寄托着亿万家庭对美好生活的期盼。改革开放之初，我们党作出我国正处在社会主义初级阶段的科学论断，明确我国社会主要矛盾是人民日益增长的物质文化需要同落后的社会生产力之间的矛盾。此后，我国大力发展各级各类教育，着力破除落后的人力资源开发与利用体制机制障碍，充分发挥人力资源作为第一资源促进经济与社会发展的基础性作用，逐步确立教育优先发展的战略地位。

党的十八大以来，以习近平同志为核心的党中央高度重视和实施教育优先发展战略。我国教育供给与教育需求不断变化和调整，学前教育补齐短板，九年义务教育基本普及，职业教育加快发展，高等教育经历了精英化、大众化的发展过程，将在2019年实现普及。我国建成了当今世界最大规模的教育体系，有效缓解了教育供给与教育需求之间的矛盾，支撑起培养我国现代化建设所需要的高素质人才和劳动者的需要，我国教育发展总体水平进入世界中上行列。但是，习近平总书记在党的十九大报告中明确指出，我国社会主要矛盾的变化，没有改变我们对社会主义所处历史阶段的判断，我国仍处于并将长期处于社会主义初级阶段的基本国情没有变，我国是世界最大发展中国家的国际地位没有变。人民在实现温饱和小康之后，对美好生活的需要日益广泛，不仅对物质生活提出了更高要求，而且在民主、法治、公平、正义、安全、环境等方面的要求日益增长。同样，作为国计民生基础的教育需求，也面临个性化与标准化、区域化与国际化等诸多方面的挑战，教育优先发展战略需要得到不断充实和完善。

一、优先破除教育发展不平衡不充分的矛盾，是教育优先发展战略的基本内涵

我国教育发展不平衡，主要体现为各地区、各级各类教育的分布和衔接不够平衡，影响了人力资源开发能力和水平的提升；我国教育发展不充分，主要体现为各地区、各级各类教育的发展还存在不足，全民学习、终身学习的人才成长"立交桥"尚未有效建立，

发展任务依然十分繁重。城乡之间、区域之间教育发展不平衡、学校之间以及各级各类教育发展不平衡不充分的矛盾，迫切要求合理配置各种教育资源，逐步消除区域、城乡、校际差距，保障教育对象获得均等、公平的基本教育服务。当前要特别重视中西部地区特别是边远、贫困、民族地区和革命老区的教育普及水平，精准发力，让全体适龄儿童青少年都能够享受到基本的教育公共服务。

二、优先安排教育投入，是实施教育优先发展战略的基本保障

教育投入是关系国家长远发展的基础性、战略性投资，教育投入不足是教育优先发展战略没有落实的具体体现。十八大以来，我国教育投入逐年增长，2016年教育投入占国内生产总值的比重达到4.22%，教育投入状况显著改善。但是，从总体上讲，中西部地区、边远贫困地区等的教育设施依然薄弱，大班额现象依然存在，教育投入的压力依然严峻。要建立完善以生均经费基本标准为基础的教育经费预算管理制度。要完善教育成本分担机制，确保各级政府财政资金优先保障教育投入，不断提高全社会教育投入占国内生产总值的比重，为实现教育现代化提供基本保障。

三、优先建设一批世界一流大学、一流学科，是教育优先发展战略实现"点上突破"的关键举措

我国已经成为世界第二大经济体，在诸多领域正在由"跟跑

者"向"并跑者""领跑者"转变，迫切要求高等教育面向国家重大战略需求、面向经济社会主战场、面向世界科技发展前沿，加大创新人才培养力度，以立德树人为根本任务，建设一批世界一流学科、一流大学，提升大学在人才培养、科学研究、社会服务、文化传承创新和国际交流合作方面的综合实力，从而带动我国高等教育体系的整体发展。

四、优先建设一支师德高尚、师风优良的教师队伍，是教育优先发展战略的基础工程

师德师风建设，永远是教师队伍建设的核心和灵魂。2014 年 9 月 9 日，习近平总书记在同北京师范大学师生代表座谈时提出了建设"有理想信念、有道德情操、有扎实学识、有仁爱之心"的"四有"教师队伍的要求，鼓励用师德高尚、师风优良的人去培养社会主义事业的建设者和接班人。要加强和改进教师队伍管理，优化教师队伍结构，建立健全立德树人的全流程管理，持续不断地提高教师地位和待遇。

（原文发表于《中国科学报》2018 年 1 月 2 日第 7 版）

拿什么评判教育决策
科学与否?

王　蕊

党的十九大报告提出要健全依法决策机制，构建决策科学、执行坚决、监督有力的权力运行机制。目前，教育领域大的改革框架已经搭起来，关键措施已经确立起来，改革已经进入深入落实、具体推进的攻坚期和深水区，迫切需要制定更加精准的政策，提高决策的效果，推动改革的深入。教育政策评估是整个教育政策制定和实施过程中一个非常重要的环节。20 世纪 90 年代以来，随着各国政府改革的推进，公共政策评估受到越来越多国家和国际组织的重视。政策评估在西方国家政府各项事务中得到广泛运用，各国相继开展了公共政策评估工作。联合国、世界银行、经济合作与发展组织等国际组织也开展了大量的教育政策评估工作。近年来，教育领域一些重大政策和规划也开始注重政策评估，如《国家中长期教育改革和发展规划纲要（2010—2020 年）》（以下简称《教育规划纲要》）在前期制定、中期执行过程中都开展了相应的评估工作。

《中华人民共和国国民经济和社会发展第十三个五年规划纲要》明确提出要开展规划实施情况动态监测和评估，教育部门已经启动《国家教育事业发展"十三五"规划》的年度监测评估工作。但是，与政策制定和政策执行相比，目前教育政策评估还是整个教育决策过程中相对薄弱的环节，迫切需要夯实教育政策监测评估工作，推进决策的科学化，提高治理能力现代化水平。

一、以政策评估助推决策的科学化

1. 政策评估有助于提高决策的科学性

教育政策评估根据一定的标准和程序，运用循证的实证方法，对政策过程和政策效果进行检测、评价和判断。通过对教育政策的评估，可以对相关领域进行系统把脉和诊断，精准把握某一领域的现状。借助评估能够科学客观地看到已有政策的效果，找准影响问题解决和工作推进的瓶颈，有针对性地解决问题。通过评估可以及时发现政策实施过程中可能出现的偏离，根据政策评估结果及时进行调整，提高政策的针对性和有效性，提高政策的质量和执行效果，推进改革精准落地。

2. 政策评估有助于增强政府执行力

政策评估是当前政府治理的一个环节和内容，是政策过程的重要组成部分。评估结果可以为政策调整或制定新政策提供很多借鉴。政策评估对正确地制定、执行和完善政策具有重要意义，不仅能反映政府制定和执行公共政策的能力和效果，也将决定和影响政府的绩效。通过公共政策评估可以决定是否需要对政策进行调整、完善或终止，更好地配置政策资源，实现政策运行和决策的科学化，提高政府执政能力和水平。

3. 科学的、合理的政策评估可以有效地提高政策的效果

在实际的评估中存在着公共政策评估机制尚未建立、评估体系不完善、评估主体单一、缺乏完善的信息系统、评估科学性和专业性有待提高等问题，从而影响了公共政策评估的开展。为了更好地发挥政策评估的作用，可以从以下几个方面夯实教育政策评估工作，提升治理能力，更好地为教育现代化强国建设服务。

二、将政策评估贯穿政策全过程

1. 开展教育政策预评估降低决策风险

政策预评估是对尚未实施的政策进行科学的评估，准确、客观地预测可能存在的风险，客观地鉴定和评价政策目标方案，更准确地把握政策可能产生的影响，进一步优化方案。对教育政策进行预评估有助于提升教育决策水平，降低决策风险。《教育规划纲要》在制定过程中面向专家学者、不同社会团体、公众广泛征求意见，是教育政策预评估的典型案例，很多问题和矛盾都在前期论证中得到了充分的关注和研究。

2. 开展教育政策执行过程评估提高执行效率

政策执行是政策过程的中间环节，过程评估侧重于对政策执行状况的监督、检查，是对执行现状与阶段性目标的"预期—差距"评估。政策执行评估是目前政策评估过程中相对薄弱的环节。对政策执行过程的评估事关政策的成效，是改善执行不力、提高政策效

率的重要保障。通过政策执行评估能及时发现政策过程中的问题，及时对公共政策进行纠正，从而有效阻止不适当甚至是错误的公共政策造成不良后果。因此，应充分重视和加强对教育政策执行力的评估。

3. 开展教育效果评估提高决策精准度

公共政策效果评估就是对已实施的政策目标达成度、效果和价值进行科学的分析和判断。政策效果评估的重点应是某种政策效果的因果机制分析，而不仅仅是对效果的评价。通过对形成某种政策效果的因果机制进行分析，可以为下一轮政策的制定积累经验，以更好地配置政策资源，提高政策的科学性和准确性。近年来，从国际上看，各国开始从关注公共政策的某一方面的效果，转向注重评估政策的综合影响，从关注公共政策的短期影响，转向既注重短期影响又注重长期影响。

三、构建系统的教育政策评估机制

1. 尽快建立教育政策评估制度

公共政策评估制度是规范政策评估行为、确定评估程序、理顺评估权力和责任、有序开展评估活动的制度保障。建立评估制度可以保证政策评估的独立性、规范性和法制化。政策评估制度可以确定评估组织的权责体系，既能保证评估活动的权威性，又能防止评估过程的随意性；可以实现政策评估工作的程序化；可以保障政策评估活动的资金来源；还可以推动政策评估结论的应用，使评估结论与政策改进密切联系起来。

发达国家的政策评估制度建设，如法国的《研究政策与技术开发的评估》、英国的《政策评估绿皮书》、加拿大的《评估政策》《评估职能指令》和《加拿大政府评估标准》、日本的《政策评估法》、韩国的《政策评估框架法案》等，都对政策评估主体、评估类型、评估程序、评估结果的使用和公开等内容做出了明确、详细的规定，为政策评估提供了有力保障。美国每项教育法案都有专门针对该项法案的评估的章节，专门阐明有关的经费和规定等。我国的教育法律法规中缺乏对教育政策评估的专门规定，迫切需要建立教育政策评估制度，以推动教育政策评估工作的开展。

2. 构建多元化政策评估机制

政策评估主体是教育政策评估的核心。政策评估主体问题就是确定教育政策由谁来评估的问题。在政策评估过程中，政策评估主体的不同，会对公共政策评估及其结论产生很大的影响。只有在公共政策评估过程中保持评估主体的多元化，才能保证评价结果的全面性和有效性。参与公共政策评估的主体包括政府机构、社会团体、大学、智库、非政府组织、个人等。目前，教育领域的政策评估以政府主导专家或内部机构参与的内部自评模式为主。近年来，来自外部的第三方政策评估工作刚刚起步，真正意义上独立的第三方政策评估机构还不多。由于政策评估要求有很强的专业性和科学性，这些第三方评估主要依靠学术机构、教育协会、中介组织等以教育科研项目的方式进行。

为促进多元评估主体的发育，教育政策评估应实施内外部评估相结合的方法，建立多元化评估机制。对于教育政策评估项目，实行社会范围内的招标，调动评估机构的主动性和积极性，让大学、民间智库等第三方机构均有机会通过竞争参与评估。可以通过设立专项教育政策评估项目基金等形式吸引社会资金，为评估活动提供资金保障，对第三方评估机构提供经费支持，保证第三方评估机构的独立性，提高教育政策评估质量。与此同时，要建立对第三方评估机构的资质认定、人员资格认证等准入制度，对政策评估机构进行法律规范，通过评估流程、结果的公开，促使政策评估主体接受社会各个方面的监督和检验。此外，政策评估报告也是被评估对象。对第三方评估机构的政策评估报告也需要进行评估鉴定，以保障其评估的专业性和科学性。

3. 加强评估反馈机制的建设

评估反馈机制就是要在教育行政部门、评估机构和社会公众之间构建有效的沟通反馈网络，包括以下几个方面。首先是教育行政部门和评估机构之间的沟通反馈。来自政府部门的信息是开展评估的最重要的信息资源，是评估机构了解和监督政府行为的重要依据，更是实现政策评估的前提。除法律明确规定必须保密的信息外，教育行政部门应当就有关评估政策的制定背景及过程、执行情况、相关数据向评估机构公开信息，以便其客观进行评估。评估机构要及时将评估结果反馈给决策部门参考使用。其次是行政部门、评估机构和社会公众之间的沟通机制。政府可通过各种渠道让公众知晓不同的教育政策的利弊是什么，政府在作出决定的时候是如何在不同的政策目标之中权衡的，以增强政策过程的透明度，加深公众对公共教育政策的理解。在评估过程中可以公开征集社会意见尤其是受影响群体的意见，设置多种渠道使公众可以随时发表对教育政策的意见和建议，给政府、评估机构提供反馈。这不仅可以完善评估结果，还可以对教育政策的贯彻落实起到有效的监督作用。最后是追踪反馈机制。一方面有关部门要对评估建议的落实情况进行追踪检查；另一方面评估具有时点性、实时性等特点，决定了基于某一时点的评估结果会有一定局限性，对评估揭示出来的问题和给出的建议，要跟踪相关部门的应对举措，对其采取的后续措施进行再评估。

四、提高政策评估的科学性准确性

1. 加强政策评估人才的培养

我国的政策评估工作刚刚起步，相关的理论研究和专业人才培养工作亟待加强。目前还没有教育政策评估人员相关的职业资格标准，高校也没有教育政策评估的相关专业，教育政策评估人员整体专业化程度不高。在发达国家，政策评估已逐渐发展成为一种独立的、成熟的职业活动，从业人员必须经过专业培训。美国政府和许多大学的政策研究机构培训了一大批职业政策分析人员。法国政策评价从业人员的选择极其严格规范，必须接受资格认定，普通的大学毕业生要在专门的政策评价培训学校受训，通过严格的考核后才能成为正式的评价师。从业人员的高素质保证了政策评估专业化程度日益提升。做好政策评估工作，需要有理论素养深厚、政策实践经验丰富的人才队伍做基础。加大政策评估人才的培养力度，可以从以下几个方面着手：一是从高校学科建设入手，开设政策评估专业；二是开展专门的政策评估培训，提高评估人员的专业化水平；三是实施教育政策评估师执业资格认证制度。

2. 科学运用恰当的评估方法

在进行政策评估的实践过程中，由于政策涉及面广，参与人员众多，其中的因素复杂多变，科学的评估程序与评估方法便成为开展政策评估的技术保障，决定着评估结果的科学性。要建立规范化、标准化的政策评估步骤，制定科学的核心评估标准与原则，高度重视评估工具的持续开发和创新。要遵循事实分析与价值分析相结合、实证分析与规范分析相结合、定性分析与定量分析相结合的原则，建立公共政策评估标准和评估体系框架。

3. 建立政策评估信息系统

拥有充分而准确的信息，是做好政策评估的必备前提。政策评估是客观信息基础上的循证研究，只有在真实、准确的信息基础上才能做出正确的政策评估判断。做好教育政策评估工作，首先，迫切需要建立教育评估信息采集系统。与现有的教育统计系统不同，该系统应建立在规范的和科学的抽样调查基础之上，准确获得有关学校、教师、学生和家庭的第一手资料。美国联邦教育部建有教育资讯系统，主要包括中小学基本教育统计、中小学校及教师调查研究、学生长期追踪研究以及教育成果评价等。美国的这些资讯系统的设计和实施经验值得我国借鉴。教育系统应建立有关教育的调查队伍，开展常规的抽样调查工作。例如，有关教育质量、学生发展状况、家庭教育、继续教育、社区教育等难以通过常规统计报表获取的数据，可通过抽样调查获得信息，为教育决策和科研提供基础数据服务。其次，需要建立公共政策管理信息库。分类收集各界对某一政策及其效果、问题和不足、改进措施等的意见和建议，加强交流反馈、跟踪处理和统计分析。再次，需要建立教育统计信息数据库共享平台。各类教育统计信息数据库应本着开放、互通、共享的原则供教育研究者和管理者使用，实现数据共享，提高研究的客观性和科学性，推动教育决策的科学化水平。

应大力推进信息化建设和部门数据共享机制建设，实现统计数据的集中存储、统一管理、联合分析及数据挖掘，提高统计数据管理效能，提升统计数据生产能力，实现信息系统和数据的互通共享，提高教育公共服务水平。最后，还要注重大数据信息采集，运用大数据分析手段对一系列具有复杂性、隐蔽性、抽象性的问题进行挖掘分析，快速获得有价值的信息，提升决策能力。

（原文发表于《光明日报》2018 年 1 月 30 日第 13 版）

第二部分

以教育现代化助推教育强国建设

迈向教育强国

陈子季　高书国

教育兴则国兴，教育强则国强。新时代社会主义现代化强国呼唤教育强国。在党的十九大报告中，习近平总书记强调指出，"建设教育强国是中华民族伟大复兴的基础工程。"建设教育强国，第一次被写入中国共产党全国代表大会报告，成为全党和全国人民的奋斗目标。这是党中央发出的动员令，这是教育在中华民族复兴伟业中的新定位、新使命，是新时代中国特色社会主义教育事业的新特征、新征程，必将成为未来几十年中国教育发展的重要指南。从"有学上"到"上好学"，从"大起来"到"强起来"，是中国教育发展的一个重要分水岭，是中国教育进入新时代的一个重要标志。2035年，中国要成为教育强国，为社会主义现代化强国奠定人才和智力基础，为中华民族伟大复兴作出重大贡献。

教育强国是教育综合实力、培养能力、国际影响力和竞争力具有突出地位和强大世界影响的国家。建设教育强国是中国共产党着眼于世界教育与人力资源发展趋势，着眼于中华民族伟大复兴所作出的政治抉择和战略选择。

一、建设教育强国的重大意义

1. 建设教育强国是中国共产党几代领导人的伟大梦想

中国特色社会主义不断取得重大成就，中华民族实现了从站起来、富起来到强起来的历史性飞跃。2014年9月9日，习近平总书记在与北京师范大学师生代表座谈时指出，教育是提高人民综合素质、促进人的全面发展的重要途径，是民族振兴、社会进步的重要基石，是对中华民族伟大复兴具有决定性意义的事业。

教育强国既指教育综合实力强大，培养能力雄厚，具有全球性教育影响力和竞争力的国家，也指通过优先发展教育，全面提升国民整体素质，使国家更加强大、更加文明、更加富强。教育强国思想是习近平新时代中国特色社会主义思想的重要内容，其本质特征是，通过优先发展教育，建设一个教育综合实力和服务能力强大的国家，构建全体人民普遍享受优质基本公共教育服务的教育制度和具有中国特色、世界水平的现代教育，实现教育强国，实现教育富民，为社会主义现代化国家提供强有力的人力和智力支撑。

2013年12月26日，习近平总书记在纪念毛泽东同志诞辰120周年座谈会上的讲话中明确指出："我们党领导的革命、建设、改革伟大实践，是一个接续奋斗的历史过程，是一项救国、兴国、强国，进而实现中华民族伟大复兴的完整事业。"1949年，中华人民共和国成立，中国人民从此站起来了。1955年10月29日，毛泽东在工商业社会主义改造问题座谈会上说，"我们的目标是要赶上美国，并且要超过美国……究竟要几十年，看大家努力，至少是五十年吧，也许七十五年"。"哪一天赶上美国，超过美国，我们才吐一口气。"

早在改革开放初期，邓小平同志就高瞻远瞩地提出，把我们的国家建设成为社会主义的现代化强国，是我国人民肩负的伟大历史使命。"教育是一个民族最根本的事业。要搞四个现代化关键靠人才，基础在教育。"他在 1985 年第一次全国教育工作会议上指出："我们国家，国力的强弱，经济发展后劲的大小，越来越取决于劳动者的素质，取决于知识分子的数量和质量。"人才问题既有数量问题，更有质量问题，邓小平同志的思想充分体现了教育强国的思想精髓。

20 世纪 90 年代，江泽民同志创造性地提出人才资源是第一资源的重要思想，要把我国由人口大国转化为人才资源强国。他进一步强调指出，教育是社会主义物质文明和精神文明建设极为重要的基础工程，必须把教育摆在优先发展的战略地位，努力提高全民族的思想道德和科学文化水平，这是实现我国现代化的根本大计。

2010 年，在全国教育工作会议上，胡锦涛同志明确提出了教育强国的思想，并强调指出，"推动教育事业在新的历史起点上科学发展，加快从教育大国向教育强国、从人力资源大国向人力资源强国迈进，为中华民族伟大复兴和人类文明进步作出更大贡献"。

习近平总书记多次强调指出，教育决定着人类的今天，也决定着人类的未来。教育是强国富民之本，是中华民族伟大复兴之本。一个国家的繁荣，不取决于国库之殷实、城堡之坚固、公共设施之华丽，而取决于公民所受教育如何。

2. 建设教育强国是社会主义现代化强国的基础工程

教育强国是国家意志，是强国之基。建设教育强国是新时代中国特色社会主义教育思想的重要组成部分，是党中央在社会主义新时代作出的重大战略部署，是国家意志和国家行动。习近平总书记提出了一系列具体的强国目标，包括加快建设制造强国、质量强国、海洋强国、航天强国、网络强国、文化强国、人才强国、科技强国等，建设法治中国、平安中国、美丽中国、健康中国，建设创新型国家等。建设教育强国，为社会主义现代化建设服务，为中华民族伟大复兴奠定基础，实现全体人民共同富裕和共同发展，是新时代中国特色社会主义教育事业的新要求、新标志和新特征。

从教育第一到质量第一，体现了经济发展对于教育发展水平和质量的新要求。2013 年 9 月，习近平总书记在联合国"教育第一"全球倡议行动一周年纪念活动上发表视频贺词时指出，中国将坚定实施科教兴国战略，始终把教育摆在优先发展的战略地位。党的十九大报告指出，坚持质量第一、效益优先，以供给侧结构性改革为主线，推动经济发展质量变革、效率变革、动力变革。教育第一为质量第一奠定国民素质和人才基础，教育第一为质量第一提供创新人才和创新动力。教育第一是质量第一的基础，只有坚持教育第一，才能确保质量第一。

3. 建设教育强国是建设文化强国的奠基事业

文化强国是社会主义强国的本质特征。建设文化强国是增强国家文化软实力、中华文化国际影响力，通过创新与创造进一步解放文化生产力的重大工程。党的十九大报告指出，文化是一个国家、一个民族的灵魂。要坚持中国特色社会主义文化发展道路，激发全民族文化创新创造活力，建设社会主义文化强国。

建设文化强国，必须培养有理想、有道德和有文化的一代新人。习近平总书记在同北京师范大学师生代表座谈时指出："我们的教育是为人民服务、为中国特色社会主义服务、为改革开放和社会主义现代化建设服务的，党和人民需要培养的是社会主义事业建设者和接班人。"人民有信仰，国家有力量，民族有希望。习近平总书记在党的十九大报告中指出，要"广泛开展理想信念教育，深化中国特色社会主义和中国梦宣传教育，弘扬民族精神和时代精神，加强爱国主义、集体主义、社会主义教育，引导人们树立正确的历史观、民族观、国家观、文化观"。这是文化建设的根本，展示了社会主义文化的力量。

4. 建设教育强国是民生发展的根本保证

教育强国是人民意愿，是富民之本。智穷则恒穷，智富则常富，富民之本在于富智。习近平总书记在联合国"教育第一"全球倡议行动一周年纪念活动上的视频贺词中指出，教育是人类传承文明和知识、培养年青一代、创造美好生活的根本途径。他在党的十九大报告中进一步强调指出，"在幼有所育、学有所教、劳有所得、病有所医、老有所养、住有所居、弱有所扶上不断取得新进展，深入开展脱贫攻坚，保证全体人民在共建共享发展中有更多获得感，不断促进人的全面发展、全体人民共同富裕"，集中体现了民生发展全保障、全覆盖的理念。

教育是最重要的民生工程。未来要使绝大多数城乡新增劳动力接受高中阶段教育，更多地接受高等教育，还要办好继续教育，加快建设学习型社会。党的十九大报告全面系统地概括和部署了未来一个时期教育改革发展的新任务。

二、建成教育强国的主要标志

建成教育强国，有六个主要标志。

1. 拥有世界最强大的教育体系

中国作为一个拥有 13 亿人口的大国，建立了世界最大规模的教育体系。到 2035 年，中国不但具有世界最大规模的正规教育体系，也将具有世界最大规模的非正规教育体系，人人学习、处处学习、时时学习的学习型社会日趋成熟；充分发挥公共教育产品的非竞争性特质，为全体公民提供普及性、高质量、包容性的公共教育服务，具备高层次人才培养实力；教育体系和教育制度将更加完善、更加先进、更具竞争能力，建成世界领先的教育体系、教育制度和教育发展模式；中国教育发展模式，将更加深刻地影响世界，特别是发展中国家。

2. 新增劳动力人均受教育年限进入第一梯队

教育部教育发展研究中心"教育强国"课题组研究报告显示，未来 10—15 年，是中国普及高中阶段教育的关键时期。2020 年，高中阶段教育普及率将超过 90%，2025 年毛入学率将达到 95%，2030 年将保持在 98% 左右。通过持续提升普及率，以增量快速增长解决我国教育存量不足的问题。2020 年，中国新增劳动力人均受教育年限将达到 13.85 年左右，2035 年将达到 15 年左右，基本与 2035 年发达国家新增劳动力人均受教育年限处于同一水平。换句话说，中国新增劳动力人均受教育年限将进入世界第一梯队。

3. 具有高等教育文化程度者规模世界第一

高等教育进入普及化阶段。上海教育科学研究院"中国教育现代化 2030"课题组研究报告显示，从学龄人口变化情况看，2020—2035 年，中国高等教育阶段学龄人口将从 1.1 亿减少到 7500 万左右，进入退出比为 68%，高等教育入学压力将明显减小。伴随中国高等教育培养能力和支撑服务能力的增长，高等教育的综合实力将持续增长。预计到 2035 年，高等教育毛入学率将达到 60%以上，每年将有 900 万—1000 万名大学毕业生。届时，中国接受高等教育的人口规模将超过所有国家，位居世界第一。

4. 人力资源开发进入高层次阶段

人均受教育年限是衡量一个国家人力资源开发层次的重要标准。未来很长时期内，中国人力资源总量将继续保持世界第一。教育部教育发展研究中心"教育强国"课题组研究报告显示，2035 年，中国人力资源开发将进入高层次开发阶段，人均受教育年限有望达到 12 年以上。主要劳动人口中具有高等教育文化程度者的比例将以每年 1%的速度提升，将从现在的 19%提高到 2035 年的 35%—40%。人力资源规模和质量优势，将持续为中国经济发展带来新一轮巨大的"人口红利"。

5. 中国将成为世界重要的教育中心之一

中国教育将更加开放，全面走向世界，实现几代人长期追寻的"中国教育梦"。与德、英、美、日一样，中国将成为世界重要的教育中心之一，成为世界最重要的留学生目的地国家，更加积极地参与国际教育事务管理、规则制定和国际化人才培养，在国际教育交流服务中发挥重要作用。

6. 教育体系和教育制度更加成熟

中国教育从学习借鉴到自信发展，形成了比较成熟的社会主义教育体系和教育制度，将更多地承担国际责任。中国教育发展经验、发展道路、发展模式和发展理论将为解决世界教育发展问题提供中国方案。

三、建设教育强国的重大战略举措

未来 15—20 年，中国教育综合实力将持续增强，实现从教育大国向教育强国、从人力资源大国向人力资源强国的战略转变；实现更高水平的普及教育、惠及全民的公平教育和更加丰富的优质教育，构建体系完备的终身教育，提前 15 年实现教育现代化，建成教育强国，为 2050 年建设社会主义现代化强国奠定坚实基础。为此，中国教育发展要实现两次跨越。

第一次跨越，到 2020 年，全面落实《国家中长期教育改革和发展规划纲要（2012—2020 年）》，基本实现教育现代化，基本形成学习型社会，进入人力资源强国行列，教育发展主要指标达到中等收入国家先进水平。

第二次跨越，到 2035 年，教育质量和教育竞争力、影响力全面提升。实现从追赶到超越的战略转变，跨入高人类发展指数国家行列，基本建成现代化教育强国，进入人力资源强国先进行列。

关于未来教育发展，对策建议如下。

1. 构建与中国强国地位相适应的开放的教育体系

构建学前教育、小学教育、中学教育、大学教育和终身学习相互衔接的现代化教育体系；形成以北京为代表的全国教育中心，以上海、成都、西安为代表的全国性区域教育中心，以省会城市为代表的区域教育中心和以市、县级城市为代表的中心城市教育体系；促进学校教育体系、家庭教育体系和社会教育体系相互整合、共同发展。

2. 成为世界教育改革和发展的重要引领者

一是教育思想引领世界。以中华优秀教育文化为基础，中国现代教育思想为主体，学习借鉴人类优秀教育文化，构建新时代社会主义教育思想体系，逐步扩大中国教育思想的国际影响力。二是教育改革引领世界。发挥中国作为世界教育改革和发展的最大"实验场"的作用，运用中国经验、中国方案和中国模式日益深刻而广泛地影响世界教育。三是教育质量引领世界。未来中国将更加积极地参与全球教育治理，参与制定世界教育质量标准，向世界输出优质教育资源，为全球教育发展和制度建设作出贡献。四是一流大学引领世界。2035 年以北京大学、清华大学为第一梯队，进入世界一流大学行列，在基础研究和应用研究方面建成一大批世界一流学科。

3. 解决不平衡不充分问题，促进教育均衡协调发展

一要改变传统的非均衡发展战略，实现公平、包容和可持续发展，促进西部地区、民族地区和贫困地区实现跨越发展，实现全国各级各类教育整体均衡发展。二要提升教育服务区域经济社会发展能力，促进区域教育一体化发展。以城市群、城市圈和城市带为引领，形成区域教育与区域经济社会发展一体化机制。三要持续实施"教育精准减贫计划"，为每个孩子提供均等化的基本公共教育服务，不让一个孩子因家庭贫困而失学，阻遏智力贫困的代际传递。

4. 建设一支世界一流的现代化教师队伍

第一，全面启动"卓越教师培养计划"，旨在深化教师培养机制、课程、教学、师资、质量等方面的综合改革，努力培养一支"四有"好教师队伍。第二，推进全体教师特别是农村教师专业发展。适应乡村振兴战略，中央和地方政府大幅度提高乡村教师待遇，采取多种方式定向培养"一专多能"的乡村教师。第三，提升中国教师国际化水平。

5. 形成与教育强国地位相适应的教育经费投入保障体系

其一，完善以政府投入为主、多渠道筹集经费的体制，保障教育经费持续增长。2020 年，教育经费总额争取达到 4 万亿元以上，公共教育支出占公共财政支出比例不低于 15%—20%，实现中国对联合国的正式承诺。其二，调整和完善教育财政结构，建立以提高教育质量为导向的经费使用机制，提高使用效益。其三，放宽社会资本进入公共教育服务领域的门槛，鼓励社会资本以多元主体、多种方式进入社会事业领域。正确引导居民教育消费，鼓励居民参与全民学习和终身学习。

6. 中国教育更加积极地融入世界

持续推进"留学中国计划"，到 2020 年当年接受外国留学生的规模将达到 50 万人次；2030 年，将达到 80 万—100 万人次；以"一带一路"倡议引领和推进教育对外开放，培养出适应"一带一路"沿线各国和地区经济社会发展需要的人才；展示中国教育发展成就，促进中国教育国际化进程；承担与中国强国地位相适应的国际责任，提供包括政策产品、资源产品和服务产品等方面的全球公共教育服务。

7. 全面提升中国教育理论与模式的影响力

总结好中国教育发展经验。总结中国从人口大国到教育大国再到教育强国的成功经验和历史进程，增强中国教育的道路自信、理论自信、制度自信和文化自信；用别人听得懂和愿意接受的方式，把中国教育故事讲出去。

总之，教育在实现"两个一百年"奋斗目标、实现中华民族伟大复兴中国梦的历史进程中具有不可替代的基础性、先导性、全局性地位和作用。只有实现教育现代化，才能实现人的现代化；只有实现人的现代化，才能实现国家和民族的现代化。建设教育强国是新时代中国特色社会主义教育事业的新定位、新使命和新担当。

（原文发表于《中国教育报》2017 年 11 月 23 日第 1 版）

全面开启新时代
教育现代化新征程

张 力

党的十九大报告高举习近平新时代中国特色社会主义思想伟大旗帜，是团结带领全党全国人民为实现中华民族伟大复兴中国梦而奋斗的政治宣言和行动纲领。党的十九大报告在"提高保障和改善民生水平，加强和创新社会治理"部分将优先发展教育事业置于首位，为加快教育现代化、建设教育强国明确了总体方向，并对教育服务"五位一体"总体布局和"四个全面"战略布局提出了新的更高要求。对比，我们可从以下三个方面提高认识、加深理解。

一、新时代优先发展教育事业、加快教育现代化、建设教育强国的战略部署

习近平总书记在同北京师范大学师生代表座谈时明确指出："教育是提高人民综合素质、促进人的全面发展的重要途径，是民

族振兴、社会进步的重要基石，是对中华民族伟大复兴具有决定性意义的事业。"改革开放近 40 年来，我们党团结带领人民开辟了中国特色社会主义道路，先后实现了解决人民温饱问题、人民生活总体上实现小康的目标，不久将全面建成小康社会，教育事业在其中发挥着基础性、先导性、全局性作用。党的十八大以来，在以习近平同志为核心的党中央正确领导下，在各级政府、教育系统和社会各界共同努力下，教育事业全面发展，教育质量和水平显著提高，教育领域综合改革不断深化，教育公平保障水平稳步提升。2016年，全国学前教育毛入园率达到 77.4%；九年义务教育在城乡全面普及，巩固率为 93.4%；高中阶段教育基本普及，毛入学率达到87.5%；高等教育总规模近 3700 万人，毛入学率达到 42.7%。目前我国教育总规模居世界第一，教育普及程度和人力资源开发状况处于世界中高收入国家平均水平，总体上看，教育支撑服务经济社会发展能力显著增强，教育现代化取得重要进展，为社会主义现代化建设作出了重要贡献。

在此基础上，习近平总书记在党的十九大报告中进一步阐释："建设教育强国是中华民族伟大复兴的基础工程，必须把教育事业放在优先位置，深化教育改革，加快教育现代化，办好人民满意的教育。"这一重要论述的历史渊源可以回溯到改革开放之初，纵贯改革开放以来近 40 年奋斗历程。20 世纪 80 年代邓小平同志从社会主义现代化的高度看教育，强调"教育要面向现代化，面向世界，面向未来"，要求把沉重的人口负担转化为人才资源的巨大优势。党的十四大报告第一次指出："我们必须把教育摆在优先发展的战略地位，努力提高全民族的思想道德和科学文化水平，这是实现我国现代化的根本大计。"此后的党代会报告和中央全会文件多次强调在社会主义现代化建设全局中优先发展教育。党的十七大报告第一次确定"提高教育现代化水平"的重要要求。可以说，我们党自改革开放以来对教育事业的定位，就是始终要求现代化建设必须优先发展教育，同时要求教育自身现代化水平不断提高。

党的十九大报告第一次明确指出"建设教育强国是中华民族伟大复兴的基础工程"，体现了"优先发展教育事业"的核心理念和宏大背景，非常振奋人心。我们体会到，党的十九大报告作出了中国特色社会主义进入新时代、我国社会主要矛盾发生变化的重大历史性判断，充分显示出我国优先发展教育事业的总方位、加快教育现代化的总方向、建设教育强国的总要求。这三者融为一体，构成重大战略部署，需要我们从中国特色社会主义新时代的本质内涵出发，在全党全社会进一步凝聚共识，在教育系统和社会各界形成更大合力。

现在，党的十九大报告把原来设想本世纪中叶基本实现国家现代化的目标提前到 2035 年，并提出了本世纪中叶全面建成社会主义现代化强国的更高目标。这意味着从现在起就要以深化教育改革为动力，以办好人民满意的教育为依归，要坚持把教育放在优先发展战略地位，超前实现教育现代化，尽快确立教育强国建设分阶段目标任务。与此相关，根据党的十九大报告的要求，在新时代建设教育强国的新征程中，我们必须坚定不移地以全面贯彻党的教育方针为统领，瞄准培养德智体美全面发展的社会主义建设者和接班人的总目标，在落实立德树人根本任务、发展素质教育、推进教育公平方面迈开新的步伐。这些都进一步体现了我们党在"培养什么人、怎么培养人"等目标任务方面的继承与创新，在基本教育理念和教育政策价值基点等方面的顶层决策，既一以贯之，又与时俱进，将成为当前教育改革发展的行动指南和加快教育现代化的基本遵循。

二、坚持以人民为中心的发展思想、办好人民满意的教育的新要求新举措

"中国共产党人的初心和使命，就是为中国人民谋幸福，为中华民族谋复兴。"党的十九大确立的习近平新时代中国特色社会主义思想，一个重要内容就是"明确新时代我国社会主要矛盾是人民日益增长的美好生活需要和不平衡不充分的发展之间的矛盾，必须坚持以人民为中心的发展思想，不断促进人的全面发展、全体人民共同富裕"。党的十九大要求坚持以人民为中心的发展思想，多谋民生之利、多解民生之忧，努力在幼有所育、学有所教、劳有所得、病有所医、老有所养、住有所居、弱有所扶上不断取得新进展，适应人民对美好生活日益多样化、多层次、多方面的需要。

习近平主席 2013 年 9 月 25 日在致联合国"教育第一"全球倡议行动一周年纪念活动的视频贺词中指出，中国将坚定实施科教兴国战略，始终把教育摆在优先发展的战略位置，不断扩大投入，努力发展全民教育、终身教育，建设学习型社会，努力让每个孩子享有受教育的机会，努力让 13 亿人民享有更好更公平的教育，获得发展自身、奉献社会、造福人民的能力。党的十九大报告关于各级各类教育的新要求新举措，正是遵照习近平总书记重要讲话精神逐项明确的。

党的十九大报告首次提出推动城乡义务教育一体化发展，高度

重视农村义务教育，同时，强调办好学前教育、特殊教育和网络教育的重要性，向各级政府、教育系统和社会各界发出新的动员令。党的十九大报告还要求统筹职业教育与培训，在体系建设上使其更为融合；通过一流大学和一流学科建设引领，将"高等教育内涵式发展"任务从倡导性的"推动"提升为刚性的"实现"。这些均是义务教育全面普及后不同阶段教育需要牢牢把握的重点。党的十九大报告继续要求支持和规范社会力量兴办教育，多措并举建设高素质教师队伍，办好继续教育，加快建设学习型社会。可以说，党的十九大报告对我国教育改革发展作出了全方位部署，其中提出的三个方面的重大举措，对办好人民满意的教育具有特别重要的意义。

第一，推动城乡义务教育一体化发展，高度重视农村义务教育，是努力让每个孩子都能享有公平而有质量的教育的基本要求，也是健全城乡发展一体化体制机制、推进基本公共服务均等化的关键环节。义务教育基本普及以来，我们党一直将义务教育均衡发展作为促进教育公平的政策要点。党的十八大以来，中西部和农村义务教育明显加强，大中城市择校热有所缓解，农村学生营养改善计划深入实施，进城务工人员随迁子女和留守儿童受教育权利得到更好保障。但是，城乡之间义务教育质量差距仍然很大，农村学龄人口如果不能接受有质量的义务教育，将缺乏接受继续培训的基础，难以掌握一技之长、获得稳定收入，不能很好适应现代农业、现代制造业、现代服务业的多样化需求，在阻断贫困代际传递方面也会遇到很大障碍。因此，随着综合国力的增强，在城乡基本公共服务制度并轨、标准统一方面，义务教育走在前面，既有法治保障，又有现实需要。按照党的十九大精神，建立健全城乡融合发展体制机制，必然要推动城乡义务教育一体化发展。当前，要根据国家新型城镇化发展总体部署和本地城镇化进程，强化省级政府统筹，把义务教育纳入经济社会发展规划，与乡村振兴战略的布局融为一体。重点加快县域内城乡公办小学初中标准化建设，实现城乡校长教师交流轮岗制度化、常态化，进而推动有条件的地区实现市域内均衡发展，实现常住人口基本公共教育服务全覆盖，面向城乡每个学生的切身发展需要，努力办好每所学校，尤其是农村学校。

第二，使绝大多数城乡新增劳动力接受高中阶段教育、更多接受高等教育，将与我国即将普及高中阶段教育、实现高等教育内涵式发展等部署紧密相连，是新时代大力提高国民素质、增强综合国力和国际竞争力的客观需要。我国教育规模稳居世界首位，但高中阶段毛入学率比高收入国家低约 10 个百分点，我国高等教育毛入学率虽然高出世界平均水平近 10 个百分点，但比高收入国家还低30 多个百分点。我国劳动年龄人口和新增劳动力的平均受教育年限分别为 10.4 年和 13.3 年，与发达国家相比也有很大差距，教育质量差距更为明显，技术技能型人才、大国工匠后备人才等方面结构性缺口很大。对此，习近平总书记在同北京师范大学师生代表座谈时深刻指出："'两个一百年'奋斗目标的实现、中华民族伟大复兴中国梦的实现，归根到底靠人才、靠教育。源源不断的人才资源是我国在激烈的国际竞争中的重要潜在力量和后发优势。"在巩固全面普及九年义务教育成果基础上，通过健全学生资助制度，使绝大多数城乡新增劳动力接受高中阶段教育、更多接受高等教育，意味着我国劳动力市场门槛将逐渐提升为中职或高中学历及以上水平。这是紧扣我国社会主要矛盾变化，在"人口红利"趋弱形势下发挥人力资源优势的关键举措，也是适应科技进步、产业结构升级多样化需求的基本对策，将为决胜全面建成小康社会、开启全面建设社会主义现代化国家新征程提供更为坚实的人力资源支持，为增进民生福祉作出更大贡献。

第三，办好网络教育、继续教育，加快建设学习型社会，与改革开放以来我们党重视全民学习、终身学习的重要理念一脉相承，是为实现"两个一百年"奋斗目标夯实人力资源基础的必然要求。1995年颁布的《中华人民共和国教育法》首次确认了终身教育在我国的法定地位，党中央文件多次部署学习型社会建设任务。习近平总书记明确指示，要构建衔接沟通各级各类教育、认可多种学习成果的终身学习立交桥。党的十八届三中全会、五中全会文件相继强调拓宽和畅通终身学习通道。今后国民思想道德素质、科学文化素质、身心健康素质的提高，社会文明程度达到新的高度，都离不开拓宽终身学习通道，建设符合国情的学习型社会。在我国教育普及状况同高收入国家差距逐步缩小的态势下，更要重视把满足适龄青少年儿童的教育需求与满足从业人员及其他社会成员的学习愿望有机结合起来。党的十九大报告首次将网络教育单列出来，具有长远战略意图。从一定意义上说，党的十九大报告将网络教育置于学前教育、特殊教育之后，意味着网络教育被赋予了新的含义，超越了基于互联网的在线学习。也就是说，不仅继续教育，而且教育全领域都需要运用广义的网络方式，加强传统技术与高新技术的融合，协调虚拟网络与实体平台的运作，涵盖以往的广播电视函授教育、新近的在线教育和移动学习以及人工智能辅助下的学习新生态，为各种各样的学习者提供更为便捷有效的教育与学习条件，确保当今的教育与学习更好地顺应未来人们的谋生和发展需要，更加适应为实现"两个一百年"奋斗目标深度开发人力资源的要求。

三、增强教育服务"五位一体"总体布局和"四个全面"战略布局的能力

在新时代统筹推进"五位一体"总体布局和协调推进"四个全面"战略布局的过程中，教育系统将担负党和人民所赋予的重要使命任务。党的十九大报告明确提出"党政军民学，东西南北中，党是领导一切的"，确定了新时代党的建设总要求，坚持把党的政治建设摆在首位，对党的政治建设、思想建设、组织建设、作风建设、纪律建设作出新的全面部署，对全面从严治党提出了更高要求。教育系统应牢固树立政治意识、大局意识、核心意识、看齐意识，自觉维护以习近平同志为核心的党中央权威和集中统一领导，自觉在思想上、政治上、行动上同党中央保持高度一致，加强教育系统党的基层组织建设，坚定自觉地把党中央各项重大决策部署落到实处。

依据党的十九大报告，在中国特色社会主义事业"五位一体"总体布局中，教育事业主要被安排在社会建设部分，同时要在其他建设领域找准贡献点和服务点。

在社会主义经济建设中，在建设现代化经济体系，深化供给侧结构性改革，建设实体经济、科技创新、现代金融、人力资源协同发展的产业体系，在人力资本服务等领域培育新增长点、形成新动能等方面，教育开发人力资源的长效作用将愈益显现。实施创新驱动发展战略，建立以企业为主体、市场为导向、产学研深度融合的技术创新体系，培养造就一大批具有国际水平的战略科技人才、科

技领军人才、青年科技人才和高水平创新团队，对此，职业教育和高等教育完全有条件积极参与。实施乡村振兴战略，加快推进农业农村现代化，需要教育系统培养造就一支懂农业、爱农村、爱农民的"三农"工作队伍。实施区域协调发展战略，推动形成全面开放新格局，也都需要教育系统创造性地发挥作用。

在社会主义政治建设中，深化依法治国实践，推进全民守法，加大全民普法力度，建设社会主义法治文化，要求教育系统先行推进依法治教、依法办学、依法治校的制度建设，提高法治教育纳入国民教育体系后的实效。随着行政体制改革的深入，公办学校在深化事业单位改革，强化公益属性，推进政事分开、事企分开、管办分离等方面将迈上新的台阶，教育治理体系和治理能力现代化水平将进一步提高。

在社会主义文化建设中，推进马克思主义中国化、时代化、大众化，建设具有强大凝聚力和引领力的社会主义意识形态，推动习近平新时代中国特色社会主义思想深入人心，要求教育系统学在前面、做在前面。高校将成为深化马克思主义理论研究和建设、构建中国特色哲学社会科学、建设中国特色新型智库的骨干力量。培育和践行社会主义核心价值观，加强思想道德建设，要求教育系统高度重视从娃娃抓起的要求。在推动文化事业和文化产业发展、广泛开展全民健身活动、推进国际传播能力建设方面，教育系统将大有作为。

在社会主义社会建设中，大规模开展职业技能培训，鼓励创业带动就业，要求职业教育和高等教育始终发挥生力军作用。加强社会保障体系建设，特别是健全农村留守儿童和妇女、老年人关爱服务体系，发展残疾人事业，教育系统可主动发力。脱贫攻坚注重扶贫同扶志、扶智相结合，重点攻克深度贫困地区脱贫任务，都离不开与教育系统协同作战。实施健康中国战略，要求教育系统积极参与全科医生队伍建设，深入开展爱国卫生运动，加强人口发展战略研究。教育系统也要配合打造共建、共治、共享的社会治理格局。

在社会主义生态文明建设中，人类必须尊重自然、顺应自然、保护自然，各级各类学校的师生员工应该自觉养成节约资源和保护环境的生活方式。绿色学校创建活动同绿色家庭、绿色社区、绿色出行的创建行动应相互配合、相辅相成，共同把可持续发展战略落到实处。这些都是教育现代化的重要使命任务。

"千里之行，始于足下。"党的十九大绘制的新时代社会主义现代化蓝图鼓舞人心，发出的向"两个一百年"奋斗目标进军的号角催人奋进。对比部分后发国家追赶先发国家的教育现代化路径，可以看到中国教育现代化道路独具特色：主要瞄准本国现代化，根本目的是促进人的全面发展，最鲜明特征是中国特色社会主义教育制度下的现代化，而且要比国家现代化超前部署实施。我们深入贯彻党的十九大精神，全面开启新时代教育现代化新征程，主要靠中国人的力量办好中国人自己的事情，同时也需要借鉴各国教育现代化经验。新时代的中国教育将务实创新、砥砺前行，阔步迈向教育强国，为实现中华民族伟大复兴的中国梦筑牢根基。

（原文发表于《中国教育报》2017年11月27日第1版）

以习近平新时代中国特色社会主义思想为指导，加快教育现代化，建设教育强国

杨银付

党的十九大是在全面建成小康社会决胜阶段、中国特色社会主义进入新时代的关键时期召开的一次十分重要的大会，具有重大历史意义。以下就十九大精神谈三点学习体会。

一、党的十九大明确了习近平新时代中国特色社会主义思想这一我们党必须长期坚持的指导思想

党的十九大作出了中国特色社会主义进入新时代这一重大政治论断，把习近平新时代中国特色社会主义思想作为指导思想写入党章，彰显了党的十九大的重大历史意义。五年来的成就是全方位的、开创性的，五年来的变革是深层次的、根本性的，解决了许多

长期想解决而没有解决的难题，办成了许多过去想办而没有办成的
大事，中华民族从站起来到富起来、到强起来，奔向民族的伟大复
兴，因此我们说中国特色社会主义进入"新时代"。2013 年至 2016
年，中国经济对世界经济增长的贡献率达到 30%，超过美国、欧元
区和日本贡献率的总和。全世界都能感受到中国跳动的脉搏，全球
华人华侨和中国学生学者的民族自信心、自豪感大幅提升。党的十
八大以来，我们党和国家取得的历史性成就和实现的历史性变革，
根本在于以习近平同志为核心的党中央的坚强领导，根本在于习近
平新时代中国特色社会主义思想的科学指引。党的十九大报告用
"8 个明确"概括了这一思想的主要内容，并概括了"14 个坚持"
作为基本方略。习近平新时代中国特色社会主义思想作为我们党要
长期坚持的指导思想写入党章，实现了党的指导思想的又一次与时
俱进。这是党的十九大最重要的历史贡献。中央关于学习宣传贯彻
党的十九大精神的文件中谈到 10 个"深刻领会"，这一点也是最重
要的。我们要深刻领会习近平新时代中国特色社会主义思想的历史
地位和丰富内涵，自觉增进政治认同、思想认同、理论认同、情感
认同，牢固树立政治意识、大局意识、核心意识、看齐意识，始终
坚定道路自信、理论自信、制度自信、文化自信。

二、党的十九大开启了我们加快教育现代化、建设教育强国的新征程

学习贯彻党的十九大精神，重中之重是学习领会习近平新时代
中国特色社会主义思想，在学懂、弄通、做实上下功夫。这就要联

系我们教育工作的实际。党的十九大报告提出，我国社会主要矛盾已经转化为人民日益增长的美好生活需要和不平衡不充分的发展之间的矛盾。教育方面也是如此。一方面，教育事业全面发展，我国教育总体发展水平进入世界中上行列，各级各类教育规模世界第一，教育竞争力、贡献力、影响力不断提升；另一方面，同样存在教育发展不平衡不充分的问题。进一步促进教育公平，进一步提高教育质量，加快教育现代化，从有学上到上好学，从学有所教到学有优教，从教育大国到教育强国，成为教育工作的战略主题。

三、始终坚持以习近平新时代中国特色社会主义思想特别是习近平教育思想为指导做好教育工作

新征程需要正确的指导思想，新思想引领新时代开启新征程。习近平总书记关于教育的重要论述是习近平新时代中国特色社会主义思想的有机组成部分，主要有七个方面的内容。

一是在教育的战略定位上，坚持把教育作为对中华民族伟大复兴具有决定性意义的事业，始终把教育摆在优先发展的战略位置。"决定性意义"是习近平总书记讲的，他还谈到"教育第一"。党的十九大报告教育部分总起句就是"优先发展教育事业"，强调建设教育强国是中华民族伟大复兴的基础工程，必须把教育事业放在优先位置。怎么优先？组织领导优先；规划优先，以教育现代化引领国家现代化，所以教育现代化要提前实现，教育强国要提前建设；投入优先，切实做到"两个确保，一个不低于"。

二是在教育的根本任务上，坚持立德树人，培养德智体美全面发展的中国特色社会主义事业建设者和接班人。"培养什么样的人、如何培养人、为谁培养人"，是教育的根本问题。要全面贯彻党的教育方针，以"四个服务"（教育为人民服务，为中国共产党治国理政服务，为巩固和发展中国特色社会主义制度服务，为改革开放和社会主义现代化建设服务）明确"为谁培养人"；以"中国特色社会主义建设者和接班人"（而不是旁观者和反对派）明确"培养什么人"；以"创新育人""实践育人""协同育人"等明确"如何培养人"。

三是在教育的根本宗旨上，坚持以人民为中心的教育发展思想，努力让13亿人民享有更好更公平的教育。习近平总书记在党的十九大报告中指出："全党必须牢记，为什么人的问题，是检验一个政党、一个政权性质的试金石。带领人民创造美好生活，是我们党始终不渝的奋斗目标。"这彰显了习近平总书记真挚的为民情怀，蕴含着坚定的以人民为中心的发展思想。在教育方面坚持以人民为中心的发展思想，集中体现为让人民"有学上"和"上好学"，即促进教育公平和提高教育质量，努力办好人民满意的教育。"我们的人民热爱生活，期盼有更好的教育……期盼孩子们能成长得更好、工作得更好、生活得更好。人民对美好生活的向往，就是我们的奋斗目标。"

四是在教育的发展动力上，坚持深化教育领域综合改革，完善和发展中国特色社会主义教育制度，推进教育治理体系和治理能力现代化。教育要发展，根本靠改革。要"大力推动教育改革发展，使我国教育越办越好、越办越强"。"要深化办学体制、管理体制、经费投入体制、考试招生及就业制度等方面的改革，深化学校内部管理制度、人事薪酬制度、教学管理制度等方面的改革，深化人才培养模式、教学内容及方式方法等方面的改革，使各级各类教育更加符合教育规律、更加符合人才成长规律。"通过深化教育改革促进公平和提高质量，让教育改革发展成果惠及全体人民，努力增加人民群众的教育获得感。

五是在教育的发展道路上，坚持扎根中国，融通中外，努力建设中国特色、世界水平的现代教育，建设教育强国。党的十八大以来，习近平总书记在同北京大学师生代表、北京师范大学师生代表座谈时，在全国高校思想政治工作会议上，多次谈到扎根中国，融通中外，立足时代，面向未来。"扎根中国大地办高等教育同建设世界一流大学是统一的，只有扎根中国才能更好走向世界。"我国有独特的历史、独特的文化、独特的国情，决定了我国必须走自己的教育发展道路，同时要融通中外，综合运用国内国际两种资源。"发展具有中国特色、世界水平的现代教育"，这是对中国特色社会主义教育发展道路的重要新要求。

六是在教育的依靠力量上，坚持把教师队伍建设作为最重要的基础性工作，为教育事业发展提供关键支撑。习近平总书记指出，教师是立教之本、兴教之源，要从战略高度认识教师工作的极端重要性。他提出"三个牢固树立""四有""四个相统一""四个引路人"等，为好老师明确了根本标准，为广大教师指明了成长路径。党的十九大报告强调加强师德师风建设，培养高素质教师队伍，倡导全社会尊师重教。十九届中央全面深化改革领导小组第一次会议审议通过《全面深化新时代教师队伍建设改革的意见》，凸显了中央对教师队伍建设的高度重视。如果说今天的青少年是中华民族伟大复兴的梦之队，广大教师就是这支"梦之队"的筑梦人。我们要按照习近平总书记的指示和党的十九大要求，把加强教师队伍建设作为教育事业发展最重要的基础工作来抓，以一流的教师创造一流的教育。

七是在教育的领导核心上，坚持全面加强党对教育工作的领导，为中国特色社会主义教育事业提供根本保证。办好中国的事情，关键在党。党政军民学，东西南北中，党是领导一切的，是最高的政治领导力量。在习近平新时代中国特色社会主义思想的"8个明确"中，最后一个就强调，"中国特色社会主义最本质的特征是中国共产党领导，中国特色社会主义制度的最大优势是中国共产党领导"。在"14个坚持"的"基本方略"中，第一个就是"坚持党对一切工作的领导"。教育工作更是如此，中国共产党是中国特色社会主义教育事业的坚强领导核心。我们要全面加强党对教育工作的领导，把方向、谋大局、定政策、促改革；要牢牢把握高校意识形态工作领导权、主导权、话语权；要切实加强学校思想政治工作。一句话，用教育部部长陈宝生的话来说，就是在党的旗帜下办人民满意的教育。

学习宣传贯彻党的十九大精神，要学起来、教起来、传起来、研起来、干起来、实起来。作为一名教育政策研究工作者，首先就要"研起来"，我们要以习近平新时代中国特色社会主义思想为指导，建设国家一流教育政策智库，服务国家教育改革发展决策，为加快推进教育现代化、建设教育强国作出自己应有的贡献。

（原文发表于《中国教育报》2017年12月28日第6版）

以新思想
引领教育现代化

安雪慧

党的十九大报告明确指出，加快教育现代化，办好人民满意的教育。这是党中央根据新时代的历史方位、社会主要矛盾和基本方略，对我国教育改革和发展作出的总体部署和科学安排。党的十八大以来，党和国家取得了全方位的、开创性的成就，进行了深层次、根本性的变革，在实践中形成了以新发展理念为主要内容的习近平新时代中国特色社会主义思想（以下简称新思想）。新思想是中国特色社会主义伟大实践的重大理论创新成果，其主题就是坚持和发展中国特色社会主义。新时代呼唤新思想，新思想引领新时代。新思想是新时代指导教育现代化实践的重要理论和行动纲领，阐明了教育现代化的根本任务、关键保障、制约因素、关键突破点、重要力量和发展格局等重要问题。新思想全面贯穿"不忘初心，牢记使命"的高远情怀，为教育现代化建设提供了强大的精神动力，立足新方位，为新问题提供了新思路。

一、教育现代化的根本任务是培养社会主义建设者和接班人

培养什么样的人、如何培养人、为谁培养人，是教育的根本问题。新思想明确教育就是要培养德智体美全面发展的社会主义建设者和接班人，全面落实立德树人根本任务。社会主义建设者和接班人必须对中国特色社会主义有深厚的思想认同、理想认同和情感认同。这就要求我们在教育和培养下一代时必须把理想信念教育放在首位，引导他们热爱祖国、热爱人民，不断增强中国特色社会主义道路自信、理论自信、制度自信和文化自信，以德为先，崇德修身，使社会主义核心价值观内化于心、外化于行。社会主义建设者和接班人，是德智体美全面发展的建设者和接班人，他们的认知能力、创新能力、职业能力、合作能力将为社会主义现代化建设添砖加瓦，为社会主义现代化强国提供有力支撑。十九大报告明确提出"打铁必须自身硬"，对年青一代建设者提出了更高的要求。我们的教育就要使他们成为有担当和有担当能力的一代，使他们有社会责任感、创新精神和实践能力，能够担负起历史使命。

二、教育现代化的关键保障是必须把教育事业放在优先位置

新思想强调要把建设教育强国作为中华民族伟大复兴的基础工

程，必须把教育事业放在优先位置，加快教育现代化。也就是说，教育现代化必将先于国家现代化而实现。十八大以来，党中央始终坚持把教育作为财政支出的重点领域予以优先保障，财政性教育经费支出占国内生产总值比例一直保持在4%以上，有力支撑了我国教育现代化建设。从加快推进教育现代化的新坐标看，这一比例还应稳步提高。《国家教育事业发展"十三五"规划》明确了"一个不低于、两个只增不减"，保证国家财政性教育经费支出占国内生产总值的比例一般不低于4%，确保财政一般公共预算教育支出逐年只增不减，确保按在校学生人数平均的一般公共预算教育支出逐年只增不减。伴随着教育投入的增加，教育经费支出结构也需要不断优化，经费配置要始终坚持"保基本、补短板、促公平、提质量"，坚持向农村地区、边远贫困地区和民族地区倾斜，坚持向义务教育、职业教育、学前教育倾斜，坚持向乡村教师、家庭经济困难学生倾斜。只有把好钢用在刀刃上，提高教育经费整体使用效益和效率，才能真正推动教育事业优先发展，加快教育现代化进程。

三、教育现代化的主要制约因素是不平衡不充分的发展问题

新思想明确了我国社会的主要矛盾已经转化为人民日益增长的美好生活需要和不平衡不充分的发展之间的矛盾。这些矛盾也具体表现在教育领域，体现为区域之间教育发展不平衡，教育层次结构之间发展不平衡，不同学习群体之间教育发展和教育成就不平衡，

学生德智体美之间发展不平衡。要整体实现教育现代化，就必须重点解决这些不平衡发展中的短板问题。十九大报告提出要推动城乡义务教育一体化发展，高度重视农村义务教育，办好学前教育、特殊教育，普及高中阶段教育，健全学生资助制度。教育的现代化，说到底是人的现代化。只有解决了这些短板问题，才能让每个孩子都享有公平的教育，推进教育公平，让每一个学习者成为社会主义的建设者。不充分主要体现为局部中的整体发展不够，各级各类教育质量还不能满足人民群众"上好学"的教育需求，学生课业负担重，大班额现象突出，教育在现代化建设中的战略引领作用还不够，教育对未来社会发展转型的关注度还不够。全面提升教育质量是中国特色社会主义教育现代化的基本特征，是教育改革发展的核心任务，是立足我国现代化建设和国际影响力提出的深刻命题。只有高质量的教育，才能培养出优秀的建设者和创新人才，才能引领我国社会主义现代化建设。

四、教育现代化的重要突破要靠教育体制机制改革

教育要发展，根本靠改革。新思想特别强调要坚持全面深化改革，这不仅是新思想的内涵本身，也源于孕育新思想的十八大以来一系列的开创性改革。随着教育现代化进程的推进，体制机制改革在完善公共教育服务体系中的作用越来越突出。只有不断深化体制机制改革，准确把握教育改革的关键领域与"四梁八柱"，系统推进育人方式、办学模式、管理体制、保障机制改革，实现教育治理现代化，才能实现教育现代化。不断推进的教育治理体系和治理能

力现代化，可以破除一切不合时宜的思想观念和体制机制弊端，尊重教育规律，构建更加有利于教育科学发展和人才辈出的体制机制。目前，我国教育体制机制改革的方式已经发生了重大变化，从单纯自上而下、各利益相关方积极参与、需求相对统一的阶段，进入了上下互动、社会广泛参与、需求多元化的调整和攻坚阶段。这就需要进一步解放思想，调动社会各方面的积极性，以体制机制改革为突破口和根本动力，努力破解教育科学事业发展的热点难点问题，为发展具有中国特色、世界水平的现代教育提供制度支撑。比如，考试招生制度改革、大班额现象、课外负担等，都是教育改革的"硬骨头"。

五、教育现代化建设的关键力量是教师队伍

教师是教育现代化建设的基础，是教育事业的具体实践者和直接推动者，是提高教育质量、办好人民满意教育的关键。新思想明确要加强师德师风建设，培养高素质教师队伍，倡导全社会尊师重教。随着教育事业的发展和人民群众对优质教育教学需求的不断增加，教师质量越来越成为判断学校教育教学质量的关键要素。教师作为中华民族"梦之队"的筑梦人，必须有坚定的社会主义理想信念，才能真正落实好社会主义办学方向。同时，现代课堂、智慧课堂、移动课堂的形成，对新时代教师提出了新的更高要求，教师不仅是课程教授者，更是学习者的情感互动者、创新互动者及其他综合互动者。优化教师队伍，提高教师质量，不仅需要不断提升师范生生源质量，需要规范的师范教育、标准化的教育管理和优秀的毕

业生，更需要有吸引力的教师工资待遇和教师职业晋升通道以及全社会尊师重教的风气，让教师有更多获得感，这样才能让优秀人才"下得去、留得住、教得好"。教师队伍中还有一支特殊队伍——教师干部队伍，配齐配强这支队伍，可以确保各项教育改革举措有方向、有谋划、有部署、有落实、有成效。

六、教育现代化建设的发展格局要扎根中国、立足时代、面向未来

新思想明确提出使命，呼唤担当。使命引领未来，作为率先实现现代化的教育领域，必须关注时代、关注世界、关注未来社会。这就对中国特色社会主义教育现代化建设提出了更高要求。也就是说，在新时代，教育必须主动助力社会转型，而不是被动适应社会经济产业结构需求和转型。新时代教育要有新作为，全体教育工作者必须认真关注教育的未来，关注时代的未来，关注社会的未来，从更宽广的视野和格局来推进教育内部的改革，找准教育在新时代的新定位，更好地完成立德树人的根本任务，增强年青一代的社会责任感、创新精神和实践能力，让他们担负起历史使命。要使中华文化影响更加广泛深入，就必须提高教育现代化的国际影响力和感召力，为全球的教育现代化建设提供中国方案和中国声音。从这个意义上说，教育将成为未来社会的引领者，成为现代化建设的先行者。

习近平新时代中国特色社会主义思想体现的这些新理念、新思路、新战略，基于对教育发展规律、历史发展规律的深刻把握，更

加明确了"两个一百年"目标的实现、中华民族伟大复兴中国梦的实现，从根本上讲靠人才、靠教育、靠教育现代化建设。

(原文发表于《中国经济时报》2018 年 2 月 6 日第 5 版)

建设教育强国需"五力并举"

涂端午

十九大报告宣告了中国特色社会主义新时代的到来，擘画了全面建设社会主义现代化强国的宏伟蓝图。教育是立国之本，强国必先强教。正如十九大报告所指出的，建设教育强国是中华民族伟大复兴的基础工程，建设教育强国也是全面建成社会主义现代化强国的基础工程。教育强国建设是新时代的重大命题，做好这篇大文章，关键要把一些基本问题研究清楚，诸如教育强国的判断依据是什么，教育强国建设应从何处着眼、从何处着手等。教育强国建设不是简单地向欧美发达国家的教育发展水平看齐，套用它们的发展模式，而是要基于中华民族伟大复兴的中国梦，基于中国的特殊国情、特色制度、特质文化，扎根中国大地进行思考和探索。本文基于教育是国家软实力，教育强国建设属于国家软实力建设这一基本假设，从教育的凝聚力、战斗力、创新力、吸引力、影响力五个方面来思考如何增强教育的软实力，推进教育强国建设。

117

一、加强核心价值观、理想信念和中华优秀传统文化教育，增强教育的凝聚力

中华民族伟大复兴中国梦这一伟大梦想的实现，归根结底靠人才、靠教育。教育是对实现伟大梦想具有决定性意义的事业。中国梦必须依靠教育凝聚中国力量，尤其要凝聚和焕发广大青少年的青春力量。"少年强、青年强则中国强。"今天的学生就是未来实现中华民族伟大复兴中国梦的主力军，是中华民族的"梦之队"。打造这支"梦之队"必须坚持立德树人的根本任务，用社会主义核心价值观、理想信念和中华优秀传统文化教育来为其"筑梦"。

立德树人，关键要以德润心，以情感人，以文化人。"国无德不兴，人无德不立。"教育是道德的事业，为的是更好地促进人的全面发展、家庭和睦、社会和谐、世界和平。社会主义核心价值观，既是个人的德，也是国家的德、社会的德。"养大德者方可成大业。"面对世界范围思想文化交流、交融、交锋形势下价值观较量的新态势，面对改革开放和发展社会主义市场经济条件下思想意识多元、多样、多变的新特点，培育和践行社会主义核心价值观是凝魂聚气、强基固本的基础工程。只有将社会主义核心价值观由抽象的概念转化为校园里、课堂上、生活中常态化的具体生动示范和实践，才能让社会主义核心价值观真正走进孩子们的心里，去润泽心灵、陶冶情操、升华人格。梦想是情感的寄托，中国梦也是中国情。没有13亿中华儿女对祖国、民族的深厚情感，就不会有中华民族伟大复兴中国梦的实现。教育是情感的事业，无时无刻不在进

行情感的交流。只有持续的、向上向善的真情实感的交流，才能让责任感、使命感、道德感、正义感、美感等高尚情感在理想信念教育中生根发芽，才能让广大青少年自觉将个人的前途命运与民族的伟大复兴紧密相连。

博大精深的中华优秀传统文化是中华民族的基因，是涵养社会主义核心价值观的重要源泉，是我们在世界文化激荡中站稳脚跟的根基。抛弃传统、丢掉根本，就等于自断命脉。教育也是文化的事业。"文以载道""以文化人"，文化是教育的灵魂，并通过教育传承、创新。扎根中国大地办教育必须弘扬中华优秀传统文化。中华优秀传统文化是"根"，社会主义核心价值观是"干"，理想信念是"冠"，只有在立德树人中，坚持"根""干""冠"三者的有机统一，才能让青少年在播种梦想、点燃梦想、实践梦想中凝聚成磅礴的中国力量，而不是成为由"空心的人""缺钙的人"和"精致的利己主义者"构成的"一盘散沙"，才能使中华民族这棵历经沧桑的古老大树，依然枝繁叶茂，生机勃勃，拔地参天，挺立于世界民族之林。

二、毫不动摇坚持和完善党对教育的领导，增强教育战线的战斗力

习近平总书记深刻指出，"改革是一个国家、一个民族的生存发展之道"，改革也是"一场革命，改的是体制机制，动的是既得利益，不真刀真枪干是不行的"。全面深化教育改革不仅为教育的科学发展持续注入新的活力，也为我国由教育大国向教育强国、由

人口大国向人力资源强国迈进不断增添强大动力，是建设世界教育强国的关键所在，也是"伟大斗争"的重要组成部分。

在革命战争年代，斗争意味着枪炮，意味着血与火；在全面深化改革的和平年代，则意味着"见之于未萌、治之于未乱"，要同预料得到和预料不到的矛盾与困难，同看得见和看不见的敌人，同陈腐败坏的观念、资本主义意识形态和违背社会主义核心价值观的现象作斗争。习近平总书记在党的十八届五中全会上强调指出，"今后5年，可能是我国发展面临的各方面风险不断积累甚至集中显露的时期"，"必须把防风险摆在突出位置"，"推进风险防控工作科学化、精细化"。十九大报告则进一步指出，要增强驾驭风险本领，健全各方面风险防控机制，坚决打好防范化解重大风险的攻坚战。当前，教育改革已进入攻坚期和深水区，结构性、随机性风险越发凸显，各种显性风险、隐性风险，内部风险、外部风险相互交织。

革命战争年代我们用武器进行斗争，在和平改革年代，斗争主要体现在制度的较量上。制度是应对重大挑战、抵御重大风险、克服重大阻力、解决重大矛盾的关键。谁的制度更能充分地展现优越性，更能凝聚人心，更能激发国家社会的活力和发展潜力，谁就能在斗争中取胜。这也就是为什么全面深化改革的总目标是完善和发展中国特色社会主义制度，推进国家治理体系和治理能力现代化。国家治理体系和治理能力是一个国家的制度和制度执行能力的集中体现。要提升教育治理体系和治理能力现代化水平，必须落实全面推进依法治国要求，深入推进依法治教，而依法治教的基本内涵就是要更加重视法律、制度、规则的建立与完善，注重落实法治的原则与要求，运用法治思维和法治方式，引领和推动教育领域综合改革。

在进行"伟大斗争"的同时，必须坚持全面从严治党，推进党的建设新的"伟大工程"。这是不断提高党的执政能力和领导水平，不断提升广大党员干部对教育制度的执行能力，营造风清气正、干事创业的良好政治生态，将教育改革进行到底的先决条件，关系到已取得的教育改革成果能否得到巩固和发展，人民群众的教育获得感、幸福感、安全感能否更加充实、更有保障、更可持续，我国教育事业能否继续前进。

教育战线要毫不动摇地坚持和完善党对教育的领导，不断增强各级领导干部和广大教师、学生党员的"四个意识"，不断提升斗争本领，形成既敢于斗争又善于斗争，在关键时候能顶得上、扛得住、过得去的坚强战斗力，使广大教师、学生党员和各级教育领导干部成为拥护改革、支持改革的促进派，成为把改革抓在手上、落到实处、干出成效的实干家。

三、深入推进素质教育，创新教育方法，提高人才培养质量，增强教育的创新力

创新是民族进步的灵魂，是一个国家兴旺发达的不竭源泉，也是中国特色、世界水平现代教育的核心要素。习近平总书记强调，抓创新就是抓发展，谋创新就是谋未来。教育创新为各方面创新提供知识、技术和人才支撑，抓好教育创新是国家创新发展的根本大计。

增强教育创新力要以推进素质教育为战略。素质教育是党的教育方针的集中体现，它以面向全体学生、全面提高学生的核心素养

为基本，尊重学生的个性差异，激发学生的创新和实践潜能，促进学生德智体美等方面生动发展。作为教育理论和模式的创新，素质教育是教育创新力的动力源。要让素质教育落地生根，必须牵好深化考试招生制度改革这个"牛鼻子"，让教育摆脱不科学的评价标准和评价方式，回归求知、求真的根本，回归教书育人的常态。增强教育创新力要以提高人才培养质量为根本。只有真正把工作重点转到树立科学的教育质量观和质量标准、提高教育质量上来，从保障每个孩子"有学上"到"上好学"，让每个孩子都能接受公平而有质量的教育，才能在教育创新实践中培养更多更高质量的优秀人才，才能抢占人才竞争制高点，赢得主动、赢得优势、赢得未来。增强教育创新力要以加强教师队伍建设为基础。强国必先强教，强教必先强师。加强具有中国特色、世界水平的教师队伍建设是建设中国特色社会主义伟大事业的基础工程。要以"三个牢固树立""四有""四个相统一""四个引路人"作为中国好老师的基本标准，打造中华民族"梦之队"的"筑梦人"，培养创新人才，产出一流成果。增强教育创新力要以创新教育方法为抓手。充分利用新一代互联网信息技术，支持和鼓励学校主动开展"学习的革命"，促进教育技术与教育管理、日常教学的深度融合，推进教育服务创新、教学模式创新。增强教育创新力要以支撑创新驱动发展战略、服务经济社会发展为导向。引导大学加强基础研究和追求学术卓越，组建跨学科、综合交叉的科研团队，系统提升人才培养、学科建设、科技研发三位一体创新水平，推动一批高水平大学和学科进入世界一流行列或前列，不断增强我国高等教育综合实力和国际竞争力。

增强教育的创新力离不开良好的育人环境，要让创新智慧在弘扬劳动光荣、技能宝贵、创造伟大的时代风尚中，在培育鼓励创新、宽容失败的创新文化中，在营造人人皆可成才、人人尽展其才的良好社会氛围中竞相迸发。

四、进一步扩大教育开放，牢固树立"四个自信"，讲好教育故事，阐释好教育特色，增强教育的吸引力

改革开放是强国之路，教育对外开放是建设教育强国的必由之路。教育对外开放要统筹好国内国际两个大局、发展安全两件大事，利用好国内国际两种市场、两种资源，推进教育交流互鉴、合作共赢。

教育对外开放也是"进行伟大斗争"的前沿阵地。牢固树立中国特色社会主义道路自信、理论自信、制度自信、文化自信，是在进一步扩大教育对外开放中，确保党和国家教育事业始终沿着正确方向前进的"定心丸"。扩大教育开放是教育自信的直接体现，既是对我国教育凝聚力、战斗力、创新力、吸引力和影响力的自信，也是对教育国际化在孩子成长、个人发展、国家民族伟大复兴和构建人类命运共同体中发挥更好更大作用的自信。要把讲好中国教育故事、阐释好教育特色，作为统筹谋划出国留学和来华留学工作的重要内容。加强留学生管理，优化留学生派出结构，让更多更优秀的学生进入世界顶尖大学一流学科就读，用外国人更容易听得到、听得懂、听得进的途径和方式，积极传播中华文化，讲好中国教育故事，成为青春版的"中国教育名片"。

中国现已成为世界第三、亚洲最大留学目的地国。未来需要进一步优化来华留学生生源国别、专业布局，加大品牌专业和品牌课程

建设力度，重点开发中国语言文学、中医药、中国传统武术等弘扬中华优秀传统文化的专业课程，完善来华留学社会化、专业化服务体系和质量保障监控体系，打造"留学中国"品牌，通过"留学中国计划"等渠道，推进来华留学。在深度融入世界教育改革发展潮流的过程中，学习借鉴英、美、澳等世界留学目的地国的国际教育经验，加大对中外合作办学、境外办学和国际汉语办学的支持力度，加强对学生国际视野、全球适应能力、跨文化能力的培养，增强在境内外学习的外国学生对中国社会的亲近感、对中国教育的认同感，充分发挥他们对中国教育的宣介作用，不断提升教育的吸引力。

五、积极参与全球教育治理，提供教育的中国方案、中国标准、中国援助，增强教育的影响力

在"我国日益走近世界舞台中央、不断为人类作出更大贡献"的新时代，中国与世界的关系正在发生历史性变化，中国从来没有像今天这样全面参与国际上的各种事务，也从来没有像今天这样承担着维护世界和平与发展的重要责任。积极响应国际社会对我国的期盼，参与全球教育治理是一个教育大国的应有担当，也是建设世界教育强国的客观要求。

增强教育的影响力，需要更加积极地参与教科文组织等联合国机构和其他多边国际组织的多边教育行动，推进"一带一路"教育共同体互联互通、合作共赢，扩大学历学位互认的国家和地区的覆盖面，为教师互派、学生互换、学分互认和学位互授联授创设更加良好的条件。需要进一步加强对重大教育理念、规划和标准的研

究，为在全球教育发展议题上提出更多新主张、新倡议、新方案、新标准提供有力支撑。需要加强全球教育治理人才队伍建设，突破人才瓶颈，做好人才储备，有计划地培养选拔优秀人才到国际教育组织任职，更加主动有效地参与国际教育规则制定，提升在国际教育组织中的话语权。需要进一步加大对发展中国家尤其是最不发达国家的教育援助力度，加快对外教育培训中心和教育援外基地建设，为发展中国家培养培训教师、学者和各级各类技能人才，提升发展中国家在全球教育治理中的发言权和代表性。需要充分利用中俄、中美、中欧、中英、中法、中印尼、中南非、中德八大高级别人文交流机制，推进教育国际合作和中外教育高层智库间交流，不断扩大教育的影响力。近年来，英国引进上海数学教材和邀请上海数学教师赴英开展教学交流，俄罗斯用中国标准、中国专家评估本国大学，进一步说明在全球教育治理中，中国教育完全有能力、有自信传播中国声音，讲好教育故事，提供教育标准、教育方案。

凝聚力、战斗力、创新力、吸引力、影响力五种力量在建设教育强国中相辅相成，缺一不可，它们构成了建设教育强国的五个维度，在这五个维度下可进一步细化形成教育强国建设的指标体系。为使我国能在实现第二个百年奋斗目标之前进入世界教育强国行列，教育战线应主动融入"四个全面"战略布局和"四个伟大"（进行伟大斗争、建设伟大工程、推进伟大事业、实现伟大梦想）中去，在全面建设社会主义现代化强国的新征程中，凝神聚力，潜心蓄力，善于借力，持续发力，"五力"并举，为实现我国由教育大国向教育强国的历史性转变而努力奋斗。

（原文发表于《人民教育》2018 年第 6 期）

发展具有中国特色、世界水平的现代教育——深入学习习近平总书记教育思想核心要义

杨银付　涂端午　俞　可

党的十八大以来，习近平总书记心系教育，心系学校，心系国家与民族的下一代，对教育工作作出一系列重要论述和重要批示指示。习近平总书记对思政、宣传、组织、经济、文艺、统战、新闻舆论、网络信息、国家安全、知识分子、哲学社科、科技创新、卫生健康、体育运动等工作作出的重要论述，以及在中央全面深化改革领导小组会议等会上、在中央政治局集体学习等活动中的重要讲话，都对教育提出了更新更高更严的要求。每年的青年节、儿童节和教师节，习近平总书记或走进学校与师生座谈，或致信师生寄予希望。特别是2016年12月，习近平总书记出席全国高校思想政治工作会议并发表重要讲话，深刻回答了事关高等教育事业发展和高校思想政治工作的一系列重要问题，对办好各级各类教育意义重大。习近平总书记对教育工作作出的一系列重要论述，深刻阐明了

新时期我国教育改革发展的重大理论和实践问题，丰富和发展了中国特色社会主义教育理论，构成了习近平总书记教育思想的基本框架，是习近平总书记治国理政新理念新思想新战略在教育领域的集中体现，是推动我国教育改革发展的强大思想武器，对发展具有中国特色、世界水平的现代教育，对全面推进教育现代化、全面深化教育领域综合改革、全面依法治教和全面加强教育系统党的建设具有重要指导意义。深入学习习近平总书记重要教育论述，首要的是深刻理解和准确把握习近平总书记教育思想的核心要义和重要内涵。

一、在教育的战略定位上，坚持把教育作为对中华民族伟大复兴具有决定性意义的事业，始终把教育摆在优先发展的战略位置

习近平总书记高度重视教育的战略地位。他在联合国"教育第一"全球倡议行动一周年纪念活动上发表视频贺词时表达了中国政府对"教育第一"倡议的坚定支持，强调中国将坚定实施科教兴国战略，始终把教育摆在优先发展的战略位置，不断扩大投入，努力发展全民教育、终身教育，建设学习型社会。他提出，"科教兴国已成为中国的基本国策"。在同北京师范大学师生代表座谈时，他把教育提到"对中华民族伟大复兴具有决定性意义的事业"的战略高度。习近平总书记重视教育，有具体而生动的内涵。

一是从国家民族层面，强调教育服务民族复兴"中国梦"的重要价值。中华民族伟大复兴中国梦是当代中国发展进步的精神旗帜，进行伟大斗争、建设伟大工程、推进伟大事业，就是为了实现

伟大梦想。习近平总书记指出："'两个一百年'奋斗目标的实现、中华民族伟大复兴中国梦的实现，归根到底靠人才、靠教育。"他深刻认识教育的基础性、先导性、全局性地位和作用，"时代越是向前，知识和人才的重要性就愈发突出，教育的地位和作用就愈发凸显"，"教育决定着人类的今天，也决定着人类的未来"，"重视教育就是重视未来，重视教育才能赢得未来"，"教育兴则国兴，教育强则国强"，通过教育让"青年一代有理想、有担当，国家就有前途，民族就有希望"。

二是从个体发展层面，强调教育服务人的全面发展的重要价值。马克思主义教育学说的核心，就是促进人的全面发展，这也是教育的神圣使命。习近平总书记把教育视作"提高人民综合素质、促进人的全面发展的重要途径"和"人类传承文明和知识、培养年轻一代、创造美好生活的根本途径"。他要求，努力提供和创造"更好的教育"，从而使"孩子们能成长得更好、工作得更好、生活得更好"。

三是从人类文化层面，重视教育服务人类文化传承创新的价值。人类文明进步与人类社会发展，依靠的是传承与创新。教育"传授已知、更新旧知、开掘新知、探索未知"，"传承过去、造就现在、开创未来，是推动人类文明进步的重要力量"。习近平总书记指出，只有普及教育，才能"启迪心智，传承知识，陶冶情操，使人们在持续的格物致知中更好认识各种文明的价值，让教育为文明传承和创造服务"。

教育是国之大计和重大民生，科教兴国是基本国策。习近平总书记关于教育战略定位的"两个途径（重要途径、根本途径）""两个决定（决定今天、决定未来）""两靠（靠人才、靠教育）""两基（基础、基石）"的重要论述，丰富和发展了党关于教育优先发展的理论。学习贯彻习近平总书记关于教育战略定位的重要论述，务必牢固树立抓教育就是抓发展、抓创新、抓未来的理念，始终坚持教育优先发展，坚持组织领导优先、规划优先和投入优先，加快推进教育现代化，为实现"两个一百年"奋斗目标和中华民族伟大复兴中国梦提供坚实的人才保障。

二、在教育的根本任务上，坚持立德树人，培养德智体美全面发展的中国特色社会主义事业建设者和接班人

"培养什么样的人、如何培养人、为谁培养人"，是教育的根本问题。其核心在于明确立德树人这个教育根本任务。立德树人是习近平总书记对于教育工作论述得最多的主题。习近平总书记把促进每个孩子健康成长作为教育工作的出发点和落脚点，"孩子们成长得更好，是我们最大的心愿"。

一是以"四个服务"论述"为谁培养人"。习近平总书记指出，教育发展方向要同中国特色社会主义发展的现实目标和未来方向紧密联系在一起，坚持"为人民服务，为中国共产党治国理政服务，为巩固和发展中国特色社会主义制度服务，为改革开放和社会主义现代化建设服务"。坚持"四个服务"，是全面贯彻党的教育方针的要求；是统筹推进"五位一体"总体布局和协调推进"四个全面"战略布局的要求；是统筹促进教育服务人的发展和教育服务社会发展的要求。一句话，"四个服务"是对教育工作的总要求，揭示了我国教育的社会主义性质和方向。坚持"四个服务"，就要

努力办好人民满意的教育，就要始终坚持中国特色社会主义办学方向，就要牢牢把握人才培养这个根本，就要深入开展中国共产党治国理政研究。

二是以"中国特色社会主义建设者和接班人"论述"培养什么样的人"。习近平总书记多次强调指出，我国教育"肩负着培养德智体美全面发展的社会主义事业建设者和接班人的重大任务，必须坚持正确政治方向"，"希望学校继承光荣传统，传承各民族优秀文化，承担好立德树人、教书育人的神圣职责，着力培养造就中国特色社会主义事业合格建设者和接班人"，"党和人民需要培养的是社会主义事业建设者和接班人。好老师的理想信念应该以这一要求为基准"。

培养"中国特色社会主义建设者和接班人"，首先要以德为先，崇德修身。着眼当代中国下一代的培养，习近平总书记指出，要树立中国特色社会主义共同理想，把理想信念教育放在首位，"革命理想高于天"，"理想信念"是人"精神上的'钙'"。要加强中国特色社会主义理论体系的学习，加深对中国特色社会主义的思想认同、理论认同、情感认同，不断增强中国特色社会主义道路自信、理论自信、制度自信、文化自信。要积极引导学生热爱祖国、热爱人民、热爱中国共产党。要加强中华民族伟大复兴中国梦教育。要深入开展以爱国主义为核心的民族精神和以改革创新为核心的时代精神教育，加强中华优秀传统文化和革命文化、社会主义先进文化教育，增强中华民族自豪感和做中国人的骨气与底气。"在几千年历史中创造和延续的中华优秀传统文化，是中华民族的根和魂"，"革命传统教育要从娃娃抓起，既注重知识灌输，又加强情感培育，使红色基因渗进血液、浸入心扉，引导广大青少年树立正确的世界观、人生观、价值观"。要培育、弘扬和践行社会主义核心价值观，"把培育和弘扬社会主义核心价值观作为凝魂聚气、强基固本的基础工程"，把社会主义核心价值观融入国民教育全过程，落细、落小、落实，入耳、入脑、入心，让社会主义核心价值观的种子在少年儿童心中生根发芽，"人生的扣子从一开始就要扣好"。习近平总书记还特别就少年儿童社会主义核心价值观培育提出，要适应少年儿童的年龄和特点，让他们从小心中有"核心"，"记住要求、心有榜样、从小做起、接受帮助"；就广大青年社会主义核心价值观培育提出要"勤学、修德、明辨、笃实"。要深入开展道德教育和社会责任感教育，深入开展法治教育，引导学生养成良好的道德品质和行为习惯，引导学生做法治中国的社会主义公民。

培养"中国特色社会主义建设者和接班人"，还要求实现德智体美全面发展。在北京市八一学校考察时，习近平总书记勉励全国中小学生提高综合素质，努力做到"修身立德、志存高远，勤学上进、追求卓越，强健体魄、健康身心，锤炼意志、砥砺坚韧"。在中国政法大学考察时，习近平总书记勉励全国大学生和广大青年"珍惜韶华，潜心读书，敏于求知，做到德智体美全面发展，毕业后为祖国和人民施展自己的才华，实现自己的人生价值"。要强化体育课和课外锻炼，促进青少年身心健康、体魄强健；要改进美育教学，提高学生审美和人文素养。在全面发展基础上，要着力增强学生服务国家服务人民的社会责任感、勇于探索的创新精神和善于解决问题的实践能力。

三是以"实践育人"和"协同育人"论述"如何培养人"。教育与生产劳动和社会实践相结合是培养全面发展的人的基本途径。"梦想从学习开始，事业从实践起步。"习近平总书记强调学习要与实践相结合，注重实践育人。"我们的学习应该是全面的、系统的、富有探索精神的"，"既要向书本学习，也要向实践学习；既要向人民群众学习，向专家学者学习，也要向国外有益经验学习"，"有理论知识的学习，也有实践知识的学习"。强调要知行合一，学以致用，在改革开放和社会主义现代化建设的大熔炉中，在社会的大学校里，掌握真才实学，增益其所不能，努力成为可堪大用、能担重任的栋梁之材。强调当代青年要"到基层和人民中去建功立业，让青春之花绽放在祖国最需要的地方，在实现中国梦的伟大实践中书写别样精彩的人生"。习近平总书记高度重视劳动教育，勉励青少年养成爱学习、爱劳动、爱祖国的优秀品格。"生活靠劳动创造，人生也靠劳动创造"，"通过劳动播种希望、收获果实，也通过劳动磨炼意志、锻炼自己"。习近平总书记强调立德树人是系统工程，提出学校、家庭、社会要协同育人。作为"社会的基本细胞"和"人生的第一所学校"，家庭在这项系统工程中占有重要地位。习近平总书记要求"重视家庭建设，注重家庭、注重家教、注重家风"，要求家长"时时处处给孩子做榜样，用正确行动、正确思想、正确方法教育引导孩子"。社会各方面也要协同努力，创造良好的育人环境。

习近平总书记关于立德树人的重要论述，丰富和发展了党的教育方针，为学校教育工作提供了根本遵循。学习贯彻习近平总书记关于立德树人的重要论述，就要从"为谁培养人""培养什么样的人""如何培养人"三个根本问题出发，始终把握在当代中国立德树人的质的规定性，用心、用情、用功、用力，培养德智体美全面发展的中国特色社会主义事业建设者和接班人。

三、在教育的根本宗旨上，坚持以人民为中心的教育发展思想，努力让 13 亿人民享有更好更公平的教育

习近平总书记提出，"我们的人民热爱生活，期盼有更好的教育……期盼着孩子们能成长得更好、工作得更好、生活得更好。人民对美好生活的向往，就是我们的奋斗目标"，"我的执政理念，概括起来说就是：为人民服务，担当起该担当的责任"。这些讲话既彰显了总书记真挚的为民情怀，又蕴含着坚定的以人民为中心的发展思想。习近平总书记在 2012 年新一届中央政治局常委媒体见面会上所提出的"两个期盼""十个更"中，排在第一位的都是教育。我们要坚持以人民为中心的教育发展思想，抓住人民最关心、最直接、最现实的利益问题，不断实现好、维护好、发展好最广大人民根本利益，努力使全体人民学有所教，学有良教，"努力让每个孩子享有受教育的机会，努力让 13 亿人民享有更好更公平的教育"。习近平总书记以人民为中心的教育发展思想，集中体现为让人民"有学上"和"上好学"，即促进教育公平和提高教育质量。

一是高度重视促进教育公平和教育扶贫。公平正义是中国特色社会主义的内在要求。习近平总书记指出："教育公平是社会公平的重要基础，要不断促进教育发展成果更多更公平惠及全体人民，以教育公平促进社会公平正义。""小康不小康，关键看老乡"，到 2020 年全面建成小康社会，最艰巨的任务在贫困地区。补上这个短板，就要"把发展教育扶贫作为治本之计"，"切断贫困代际传递"。革命老区、贫困地区抓发展，"从根儿上还是要把教育抓好，

不能让孩子输在起跑线上"。习近平总书记强调要办好农村义务教育，"要注重山区贫困地区下一代的成长。下一代要过上好生活，首先要有文化，这样将来他们的发展就完全不同。义务教育一定要搞好，让孩子们受到好的教育"。他把"提高农村义务教育水平"视作"治本之策"，强调"突出重点，上下联动，综合施策"。

二是特别强调提高教育质量和人才培养水平。提高质量是教育改革发展的核心任务，是教育工作的生命线，是立足我国现代化阶段性特征和国际发展潮流提出的深刻命题。习近平总书记指出，"中国这么多人，教育上去了，将来人才就会像井喷一样涌现出来"。这就要"提高教育质量，培养更多、更高素质的人才"。要"推进素质教育，创新教育方法，提高人才培养质量，努力形成有利于创新人才成长的育人环境"；要"鼓励学校办出特色，鼓励教师教出风格"。在谈到职业教育和高等教育时，习近平总书记结合经济社会发展与创新驱动发展战略实施，结合制造业强国与创新型国家建设，多次提出要"努力培养数以亿计的高素质劳动者和技术技能人才"，"创新人才培养机制和教育方法，为国家现代化建设培养造就更多的合格人才、创新人才"。

三是明确要求通过深化教育改革促进公平和提高质量。教育要发展，根本靠改革。教育领域综合改革是全面深化改革的重要组成部分，要"大力推动教育改革发展，使我国教育越办越好、越办越强"。党的十八大以来，习近平总书记主持召开中央全面深化改革领导小组会议38次，审议通过考试招生制度改革、统筹推进"双一流"建设、统筹推进县域内城乡义务教育一体化、鼓励高校毕业生到基层就业、民办教育改革发展、省级人民政府教育履职等教育文件，特别是第三十五次中央全面深化改革领导小组会议通过的

《关于深化教育体制机制改革的意见》，对教育体制机制改革作出总体部署。习近平总书记强调，深化教育体制机制改革，"及时研究解决教育改革发展的重大问题和群众关心的热点问题"。要把握教育改革的关键领域与"四梁八柱"，系统推进育人方式、办学模式、管理体制、保障机制改革，加快推进教育现代化，"使各级各类教育更加符合教育规律、更加符合人才成长规律，更能促进人的全面发展"。要把考试招生制度改革"作为方向明、见效快的改革积极稳妥地加以推进"，总的目标是形成分类考试、综合评价、多元录取的考试招生模式，健全促进公平、科学选才、监督有力的体制机制，构建衔接沟通各级各类教育、认可多种学习成果的终身学习立交桥。职业教育要牢牢把握服务发展、促进就业的办学方向，创新各层次各类型职业教育模式，坚持产教融合、校企合作，坚持工学结合、知行合一，引导社会各界特别是行业企业积极支持职业教育，努力建设中国特色职业教育体系。高等院校要走在教育改革前列，紧紧围绕立德树人的根本任务，加快构建充满活力、富有效率、更加开放、有利于学校科学发展的体制机制，当好教育改革排头兵。要"坚持不懈推进教育信息化"，努力以信息化为手段扩大优质教育资源覆盖面，让亿万孩子同在蓝天下共享优质教育，通过知识改变命运。习近平总书记还指出，教育改革要坚持文化自信，好经验要坚持，不足的要补齐。

教育是民生之基、民生之首。教育为了人民，教育依靠人民，教育成果由人民共享。学习贯彻习近平总书记以人民为中心的教育发展思想，就要坚持共享发展理念，着力促进公平和提高质量，让教育改革发展成果惠及全体人民，努力办好人民满意的教育，努力增加人民群众的教育获得感，践行中国特色社会主义教育事业的根本宗旨。

四、在教育的发展路径上，坚持扎根中国、融通中外，努力建设中国特色、世界水平的现代教育

党的十八大以来，习近平总书记在同北京大学师生、北京师范大学师生座谈时，在全国高校思想政治工作会议上，多次谈到扎根中国、融通中外，立足时代、面向未来，"发展具有中国特色、世界水平的现代教育"。这是对中国特色社会主义教育发展道路的重要新要求。

一是扎根中国大地办教育。习近平总书记多次强调指出，办教育既要借鉴，又要弘扬。"要认真吸收世界上先进的办学治学经验，更要遵循教育规律"，"面向世界、勇于进取，树立自信、保持特色"。"中国特色"，"特"在社会主义办学方向，"特"在中华优秀传统文化，"特"在扎根中国大地办学，办根植于中国大地、反映中国人民意愿、适应中国和时代发展进步要求的中国特色社会主义学校。"没有特色，跟在他人后面亦步亦趋，依样画葫芦，是不可能办成功的。"我国有独特的历史、独特的文化、独特的国情，决定了我国必须走自己的教育发展道路。"我们要扎根中国、融通中外，立足时代、面向未来，坚定不移走自己的路。"就办好中国的世界一流大学，习近平总书记指出，"必须有中国特色"，就是要"全面贯彻党的教育方针，遵循教育规律，以立德树人为根本，以中国特色为统领，以支撑创新驱动发展战略、服务经济社会为导向，推动一批高水平大学和学科进入世界一流行列或前列，提升我

国高等教育综合实力和国际竞争力，培养一流人才，产出一流成果"。习近平总书记指出，"世界上不会有第二个哈佛、牛津、斯坦福、麻省理工、剑桥，但会有第一个北大、清华、浙大、复旦、南大等中国著名学府"，"扎根中国大地办高等教育同建设世界一流大学是统一的，只有扎根中国才能更好走向世界"。

二是融通中外，综合运用国内国际两种资源。"世界水平"，核心在质量、竞争力与国际影响力。研判世界教育发展水平，就要把我国教育放到世界教育发展格局的坐标系中；提升我国教育发展水平，就要立足国情、博采众长、以我为主、兼收并蓄。教育对外开放是我国改革开放事业的重要组成部分，肩负着培养优秀人才、促进人文交流、服务国家现代化的重要使命。习近平总书记主持召开中央全面深化改革领导小组会议，对做好新时期教育对外开放工作作出总体部署：服务党和国家工作大局，统筹国内国际两个大局，综合运用国内国际两种资源，提升教育对外开放质量和水平。这也是做好新时期教育对外开放工作的重要指导思想。"服务大局""双向开放""提升水平"，在始终坚持扎根中国大地的同时，要更加积极开展国际教育、科技、人才交流合作，在更广范围和更高层次上整合、用好国内国际两种资源。例如，在"双一流"建设中，要通过开展高水平人才联合培养和科学联合攻关，加强国际前沿和薄弱学科建设，助推一流大学和一流学科建设，通过强强合作提升我国教育实力和创新能力。又如，在涉外办学工作中，要以提升中外合作办学质量为重点，引进国外优质教育资源，同时稳妥推进境外办学。再如，在留学工作中，要统筹出国留学与来华留学，提高留学教育质量，打造"留学中国"品牌，通过加大留学工作行动计划实施力度，加快培养拔尖创新人才、非通用语种人才、国际组织人才、国别和区域研究人才、来华杰出人才等五类人才。坚持"支持留学，鼓励回国，来去自由，发挥作用"，把做好留学人员工作作为实施科教兴国战略和人才强国战略的重要任务。

三是积极参与全球教育治理，促进中外人文交流，提升国家文化软实力。习近平总书记多次强调"加强全球治理"，"推进全球治理体系变革"。全球教育治理是全球治理体系的重要组成部分。要积极参与教科文组织等联合国机构和其他国际组织的多边教育行动，加强对重大教育理念、规划和标准的研究，主动在全球教育发展议题上提出新主张、新倡议和新方案，主动参与国际教育规则和标准制定，让国际社会听到中国声音、看到中国方案，通过提升发展中国家在全球教育治理中的发言权和代表性，积极参与全球教育治理，促进教育领域合作共赢。要促进中外人文交流，促进民心相通。人文交流已经与政治互信、经贸合作一起，成为新时期我国对外交往工作的三大支柱。在访问联合国教科文组织总部时发表的演讲中，习近平总书记高屋建瓴地提出了新文明观，强调文明的多样性、平等性与包容性。要以新文明观引领教育对外开放与中外人文交流，"各美其美，美人之美，美美与共"，服务人类命运共同体建设。要提升国家文化软实力，通过增强对外话语的创造力、感召力、公信力，把中华民族文化基因、文化精神、文化创新成果推广开来、弘扬起来、传播出去，向世界展现一个真实的中国、立体的中国、全面的中国。要继续办好孔子学院，为传播文化、沟通心灵、促进世界文明多样性作出新的更大贡献。要推进共建"一带一路"教育行动，以教育交流为沿线各国民心相通架设桥梁，以人才培养为沿线各国政策沟通、设施联通、贸易畅通、资金融通提供支撑。

扎根中国、融通中外，是推进中国教育现代化的重要遵循，是中国特色社会主义教育发展的正确之路。学习贯彻习近平总书记关于教育对外开放的重要论述，就要不断提高教育对外开放在中国特色大国外交战略大局、经济社会发展全局、教育综合改革布局中的切合度和贡献度，以教育开放的主动赢得教育发展的主动、人才国际竞争的主动、文明交流互鉴的主动，办好具有中国特色、世界水平的现代教育。

五、在教育的依靠力量上，坚持把教师队伍建设作为最重要的基础性工作，为教育事业发展提供关键支撑

振兴民族的希望在教育，振兴教育的希望在教师。习近平总书记着眼中华民族伟大复兴全局，高度重视教师队伍建设。

一是从战略高度认识教师工作的极端重要性。百年大计，教育为本；教育大计，教师为本。习近平总书记指出，教师是人类历史上最古老的职业之一，也是最伟大、最神圣的职业之一，教师是立教之本、兴教之源，承担着让每个孩子健康成长、办好人民满意教育的重任。落实好立德树人任务，关键在教师。各级党委和政府要"从战略高度来认识教师工作的极端重要性"，今天的学生是未来实现中华民族伟大复兴中国梦的主力军，广大教师就是打造这支中华民族"梦之队"的筑梦人。

二是对广大教师提出殷切期望，指明成长路径。习近平总书记指出：教师要牢固树立中国特色社会主义理想信念，牢固树立终身学习理念，牢固树立改革创新意识；要着力培养有理想信念、有道

德情操、有扎实学识、有仁爱之心的"四有"好老师；要"坚持教书和育人相统一，坚持言传和身教相统一，坚持潜心问道和关注社会相统一，坚持学术自由和学术规范相统一"；要"做学生锤炼品格的引路人，做学生学习知识的引路人，做学生创新思维的引路人，做学生奉献祖国的引路人"。"三个牢固树立""四有""四个相统一""四个引路人"为好老师明确了根本标准，为广大教师指明了成长路径。习近平总书记要求广大教师始终同党和人民站在一起，忠诚于党和人民的教育事业，自觉做中国特色社会主义的坚定信仰者和忠实实践者，自觉做中国特色社会主义共同理想和中华民族伟大复兴中国梦的积极传播者，自觉把党的教育方针贯彻到教育、教学、管理工作全过程，帮助学生筑梦、追梦、圆梦，让一代又一代年轻人都成为实现我们民族梦想的正能量。习近平总书记指出，长期以来，广大教师自觉贯彻党的教育方针，教书育人，呕心沥血，默默奉献，为国家发展和民族振兴作出了巨大贡献，赢得了全社会广泛赞誉和普遍尊重。他勉励广大教师认清肩负的使命和责任，努力为发展具有中国特色、世界水平的现代教育，培养社会主义事业建设者和接班人作出更大贡献。

三是强调把加强教师队伍建设作为教育事业发展最重要的基础工作来抓。努力培养造就一大批一流教师，不断提高教师队伍整体素质，是当前和今后一段时间我国教育事业发展的紧迫任务。习近平总书记指出，要"大力培养造就一支师德高尚、业务精湛、结构合理、充满活力的高素质专业化教师队伍"。各级党委和政府要满腔热情关心教师，改善教师待遇，关心教师健康，维护教师权益，让广大教师"安心从教、热心从教、舒心从教、静心从教"，"在岗位上有幸福感、事业上有成就感、社会上有荣誉感"，让教师成为让人羡慕的职业，成为最受社会尊重的职业。要把乡村教师队伍建设摆在优先发展的战略位置，努力造就一支素质优良、甘于奉献、扎根乡村的教师队伍。

"一个人遇到好老师是人生的幸运，一个学校拥有好老师是学校的光荣，一个民族源源不断涌现出一批又一批好老师则是民族的希望。"学习贯彻习近平总书记关于教师工作的重要论述，就要真正把教师队伍建设作为最重要的基础工作来抓，以一流的教师创造一流的教育，以最优秀的人培养更优秀的人。

六、在教育的领导核心上，坚持加强党对教育工作的领导，为中国特色社会主义教育事业提供根本保证

办好中国的事情，关键在党。中国特色社会主义最本质的特征是中国共产党领导，中国特色社会主义制度的最大优势是中国共产党领导。中国共产党是中国特色社会主义教育事业的领导核心。

一是全面加强党对教育工作的领导。我们的学校是党领导下的学校，是中国特色社会主义学校，必须全面贯彻党的教育方针，始终坚持社会主义办学方向，并从政治、思想、组织等方面切实落实党对教育工作的领导。在 2014 年第二十三次全国高等学校党的建设工作会议上，习近平总书记作出重要指示："高校肩负着学习研究宣传马克思主义、培养中国特色社会主义事业建设者和接班人的重大任务。加强党对高校的领导，加强和改进高校党的建设，是办好中国特色社会主义大学的根本保证。"在 2016 年全国高校思想政治工作会议上，习近平总书记再次强调："办好我国高等教育，必

须坚持党的领导，牢牢掌握党对高校工作的领导权，使高校成为坚持党的领导的坚强阵地。"各级党委和宣传思想部门、组织部门、教育部门要加强对高校党的建设工作的领导和指导。要坚持和完善党委领导下的校长负责制，高校党委对学校工作实行全面领导，保证高校正确办学方向，承担管党治党、办学治校主体责任，把方向、管大局、作决策、保落实。要下大力气抓好基层党组织建设。党的工作最坚实的力量支撑在基层，党的生命力、战斗力、号召力、吸引力主要体现在党支部、党总支等一个个基层党组织中。要加强包括中小学和职业学校在内的各级各类学校党建工作，实现全覆盖。

二是牢牢把握高校意识形态工作领导权。意识形态工作是党的一项极端重要的工作。做好意识形态工作，要从全局上把握，要从政治上把握，要从能力上把握。习近平总书记指出："办好我们的高校，必须坚持以马克思主义为指导，全面贯彻党的教育方针。要坚持不懈传播马克思主义科学理论，抓好马克思主义理论教育，为学生一生成长奠定科学的思想基础。要坚持不懈培育和弘扬社会主义核心价值观，引导广大师生做社会主义核心价值观的坚定信仰者、积极传播者、模范践行者。"思想政治理论课是巩固马克思主义在高校意识形态领域指导地位、坚持社会主义办学方向的重要阵地。高校思想政治理论课必须办好，关键是把教材编好，把教师队伍建设好，把课讲好。"要加快构建中国特色哲学社会科学学科体系和教材体系，推出更多高水平教材，创新学术话语体系，建立科学权威、公开透明的哲学社会科学成果评价体系，努力构建全方位、全领域、全要素的哲学社会科学体系。"

三是切实加强学校思想政治工作。习近平总书记指出："高校思想政治工作关系高校培养什么样的人、如何培养人以及为谁培养人这个根本问题。要坚持把立德树人作为中心环节，把思想政治工作贯穿教育教学全过程，实现全程育人、全方位育人，努力开创我国高等教育事业发展新局面。"做好思想政治工作，要因事而化、因时而进、因势而新。要遵循思想政治工作规律，遵循教书育人规律，遵循学生成长规律，不断提高工作能力和水平。要创新思想政治教育方式方法，注重理论与实践相结合、育德与育心相结合、课内与课外相结合、线上与线下相结合、解决思想问题与解决实际问题相结合。要用好课堂教学这个主渠道，思想政治理论课要坚持在改进中加强，提升思想政治教育的亲和力和针对性，满足学生成长发展的需求和期待，其他各门课程都要"守好一段渠、种好责任田"，使各类课程与思想政治理论课同向同行，形成协同效应。"高校党委要履行好管党治党、办学治校的主体责任，把思想政治工作和党的建设工作结合起来，把立德树人、规范管理的严格要求和春风化雨、润物无声的灵活方式结合起来，把解决师生的思想问题和教学科研、学习就业等实际问题结合起来"，"使高校始终充满积极向上的正能量、洋溢蓬勃向上的青春活力、展现改革创新的时代风采"。

"党政军民学，东西南北中，党是领导一切的，是最高的政治领导力量，各个领域、各个方面都必须坚定自觉地坚持党的领导。"学习贯彻习近平总书记关于加强党对教育工作领导的重要论述，就要始终坚持党的教育方针，牢牢把握社会主义办学方向，牢牢掌握党对教育工作的领导权、对意识形态工作的领导权和对思想政治工作的主导权，从而为中国特色社会主义教育事业提供坚强保障。

习近平总书记教育思想着眼全局，把握关键，立意深远，丰富深刻，以上仅撷取了其中六个主要方面。党的十八大以来，教育领域深入学习贯彻习近平总书记系列重要讲话精神和重要教育论述，用习近平总书记教育思想武装头脑、指导实践、推动工作，着力发展具有中国特色、世界水平的现代教育，着力推进教育现代化，取得了丰硕成果与历史性成就，必将为全面建成小康社会、实现中华民族伟大复兴中国梦作出新的更大的贡献。

（原文发表于《人民教育》2017 年第 19 期）

用大数据技术助力教育现代化

张 伟

党的十九大报告明确指出："建设教育强国是中华民族伟大复兴的基础工程，必须把教育事业放在优先位置，深化教育改革，加快教育现代化，办好人民满意的教育。"教育对于整个社会的发展具有先导性、全局性和基础性作用。

一、实现教育现代化是实现社会主义现代化的基础

十九大确定了决胜全面建成小康社会、开启全面建设社会主义现代化国家新征程的目标，"到 2035 年基本实现社会主义现代化"，"到本世纪中叶建成富强民主文明和谐美丽的社会主义现代化强国"。《国家中长期教育改革和发展规划纲要（2010—2020 年）》提出的战略目标是"到 2020 年基本实现教育现代化"，也就是说教育要先于国家整体 15 年实现基本现代化的目标。改革开放以来，特别是党的十八大以来，中国教育发生了历史性变革，取得了历史

145

性成就。中国教育总体水平进入世界中上行列，教育质量明显提高，教育国际影响力日益加大。中国的发展也表明，教育既是发展受益者，也是民族复兴的强力推动者。

行百里者半九十，越是接近梦想实现，越要看到困难和挑战。在新时代，教育支撑国家战略发展的能力仍显不足。在以人工智能为代表的第四次产业革命浪潮来临之际，面对创新型国家建设需求，教育在治理体系、管理模式、拔尖创新人才和能工巧匠培养等方面还未做好充分准备。在利用现代信息技术，特别是利用大数据技术推进教育治理和教育教学方式的变革方面，还有巨大的提升空间。

二、大数据技术是助力教育现代化的重要引擎

随着社会整体信息化步伐不断加快，信息化程度不断加深，信息技术对教育的革命性影响日趋明显，大数据与教育的深度融合已成为必然趋势。当前，人工智能已广泛应用于社会经济生活的方方面面，产业革命悄然来临。大数据、算法、芯片是人工智能的三大基础，因此，教育大数据对教育领域人工智能的开发与应用至关重要。可以预见，在今后一段时间我国教育大数据研究和应用将获得更快发展。

数据已成战略资源，我国教育数据丰富。如今，数据作为战略资源，如能源一样被各国重视，有人将数据比作"新石油"。中国在人工智能领域多项技术处于先进行列，与美国一起引领发展。麦肯锡董事长鲍达民认为中国在人工智能方面蕴藏着巨大的潜力，一

个最根本的原因是拥有海量的数据。我国教育数据异常丰富，是国家重要战略资源。2016年，全国共有学校51.2万所，各级各类学生近3.2亿人，专任教师共计1578万人。高等教育在学总规模3699万人，占世界高等教育总规模的比例达到20%。庞大的基数产生了庞大的教育基础数据以及伴生数据，这是国家的核心数据之一，应在推进教育现代化进程中发挥优势，得到充分利用。

教育大数据建设已上升到国家战略高度。十八大以来，党中央、国务院对信息技术的重视程度前所未有，"'互联网+'行动计划"以及《促进大数据发展行动纲要》《新一代人工智能发展规划》等有关政策密集出台。其中，《促进大数据发展行动纲要》中明确提出建设"教育文化大数据"，建设教育大数据已成为国家战略，教育大数据建设迎来重大历史发展机遇。习近平总书记在致首届国际教育信息化大会的贺信中指出，"积极推动信息技术与教育融合创新发展"，这种融合就是利用现代信息技术催生教育现代化变革的进程。

大数据在推进教育现代化变革中具有基础性作用，具体体现在以下五个方面。第一，大数据技术能支持适应性教学，使因材施教成为可能。大数据技术追踪和整合基于学习者的个体特征与学习状况的数据，为对学生进行个性化支持提供了可能。在商业化的在线学习平台中，适应性学习的应用已经较为广泛。第二，大数据技术能突破小样本和个案研究的局限，有助于发现教育规律。在教育大数据技术的驱动下，研究者可以量化学习过程和学习状态，更快速准确地找到影响因素和干预策略，发现曾经被遮蔽的教育规律，大大拓展探索教育规律的广度。第三，教育大数据建设对促进教育领域人工智能的开发应用具有关键作用。人工智能已经影响到社会生活的方方面面，教育领域也不例外，人工智能对教学和科研的价值也已显现出来。第四，大数据能服务于精准管理和科学决策。大数据对于教育部门的精准管理和科学决策可以起到重要的支持作用，有效避免教育管理中的粗放和由直觉驱动的问题。党中央提出的精准扶贫，正是源自大数据技术的支撑。第五，教育大数据还有助于及时准确把握教育舆情并回应社会关切，全方位、全过程地进行个人评价，促进高考招生录取改革，使多种教育评估更简单快捷。总之，大数据在实现教育现代化的进程中具有基础性作用。

三、补齐教育大数据建设的短板

在实际工作中，教育界对教育大数据的认识还不够深入，拘泥于教育信息化的视角。教育大数据建设仍存在短板，具体表现在以下方面。

第一，教育数据分散，教育信息孤岛现象较为严重。目前，教育部建有教育资源公共服务、教育管理公共服务两个数据平台，除此之外，经费监管的数据、学生在学和就业数据、科研数据、继续教育数据、学生资助数据、留学和回国数据等分属不同的单位管理。从纵向的行政区划上看，各级地方政府的教育数据也没有实现共享。大数据技术的优势在于不同类型数据之间的融合，在看似无关的数据之间找到重要关联。以色列的一家人工智能公司专注于矿业数据，通过大数据技术发现了金属蕴藏与雷电的强相关性，于是天气数据成为其寻找金属矿藏的关键数据。由此可见，只有破除信息孤岛，才能充分发挥大数据技术的优势。

第二，教育数据的收集和分析手段需要改进。目前，报送式收集仍是教育数据收集的主导方式，伴随式收集没有真正实现。教育数据除了存在于教育系统内，还广泛存在于智能设备、社交媒体等诸多方面。随着物联网成为现实，采用传统方式进行收集的数据量的比例会越来越小。科技研究公司高德纳估计，2016年每天有550万台互联设备上线，到2020年，互联设备的总数将超过目前水平三倍以上。报送式收集方式无法有效规避"数据利益"，伴随式收集方式具有动态性和即时性，虚假数据无所遁形，数据的真实性能得到有效保证。所以，伴随式的数据收集方式真正宣告了教育大数据时代的到来。

补齐教育大数据建设短板，应从以下方面着手。

首先，打破教育信息孤岛，建立统一的教育大数据管理中心。大数据技术要发挥其应有的作用，需要数据共享，需要专业性的数据开发、利用和维护。教育主管部门应以教育资源公共服务、教育管理公共服务两个数据平台为基础，打破信息孤岛，整合各业务单位数据和地方教育数据，形成统一的国家教育大数据管理中心。其主要职责是：全面负责教育统计与数据收集；进行教育大数据的开发应用，服务于教育决策与管理、教育评估、舆情监控；发现教育规律，改进教育方法；推进教育数据法律法规的制定，维护数据安全；开展与其他领域的数据共享合作等。

其次，鼓励科技企业深入参与教育大数据管理中心的建设发展，同时发挥政府与市场的作用，充分发挥好"看不见的手"和"看得见的手"的作用。中国有多家科技企业在大数据技术上处于世界领先地位，在数据收集和处理应用方面具有丰富经验。有关部门应在保证数据安全的前提下，与科技企业进行深度合作，建立政产学研用联动、大中小企业协调发展的教育大数据生态体系，提高教育大数据应用创新能力，为建设教育强国和实现民族复兴打下坚实基础。

（原文发表于《光明日报》2017 年 12 月 5 日第 16 版）

第三部分

办好公平而有质量的教育

着力解决好教育发展不平衡不充分问题

陈子季　马陆亭

习近平总书记在党的十九大报告中指出，中国特色社会主义进入新时代，我国社会的主要矛盾已经转化为人民日益增长的美好生活需要和不平衡不充分的发展之间的矛盾。这一战略判断非常符合我国教育实际。教育涉及每一个人，关乎家庭的幸福和国家的未来，人民对教育的满意程度是美好生活的基础和重要组成部分。我们需要针对问题解决矛盾，心系目标完成使命。

一、成就铸起新时代，使命开启新征程

党的十一届六中全会提出我国社会主义初级阶段的主要矛盾是"人民日益增长的物质文化需要同落后的社会生产之间的矛盾"，从而决定了我们的根本任务是集中力量发展社会生产力。如今，中国

已发生了历史性变革，全面小康社会即将建成，人们对物质和精神的需求多元而旺盛，需要以新发展理念为指导，既注重发展生产力，也着力加强社会建设。

1981年，我国刚刚走向改革开放，尚处于计划经济时期，统计资料显示当时人均国内生产总值为489元，教育财政总支出为1114.97亿元，初中毕业生升学率为35.5%（1983年），普通高等学校学生数为127.9万人，当时没有统计高等教育毛入学率，但即使到1990年，毛入学率也仅为3.4%。而到了2016年，市场经济条件下的多元教育投入和结构已然形成，人均国内生产总值达到53980元，全国教育投入达到3.89万亿元，初中毕业生升学率为93.7%，全国各类高等教育在学总规模为3699万人，高等教育毛入学率为42.7%。变化是翻天覆地的。

这些成绩的取得，得益于我们的道路与政策。在党的改革开放正确路线指引下，教育界坚持党的教育方针，推动教育优先发展，不断完善依法治教制度框架，不断改进人才培养模式，在教育体制、多元办学、结构优化等重大改革领域取得突破，在两基攻坚、高校扩招、重点建设等关键发展点实现跨越，在保障质量、促进公平、服务社会等内涵提高方面取得进展。

特别是近五年来，教育界贯彻落实党的十八大精神，攻坚克难、锐意改革，落实立德树人根本任务，紧扣公平质量主题，扎根中国大地办教育，确保一张蓝图干到底，紧紧围绕为谁培养人、培养什么样的人、如何培养人的根本问题，持续深化综合改革，促进学生全面发展，把培养学生社会责任感、创新精神和实践能力纳入国民教育全过程。中国教育总体水平进入世界中上行列，教育质量明显提高，教育保障显著增强，教育国际影响力日益加大。

从制度到体系、从内容到形式，通过夯基垒台、立柱架梁、砌墙筑顶等扎实有效的基础性工作，我国教育发生了历史性变革，取得了历史性成就，切实实现了优先发展，给人民群众带来了实实在在的获得感，支撑了国家的发展。

教育的新时代是以成就铸就的，教育的新征程将以使命来开启。

二、教育发展面对的不平衡不充分问题

在改革开放初期，我国社会主义初级阶段主要矛盾刚刚提出的时候，我们的教育供给非常短缺，而今已是非常丰富，但仍然不能满足人们日益增长的需要。这是事业前进中的问题，不是"有没有"的问题，而是"好不好""强不强"的问题，矛盾的主要方面就是不平衡不充分。不平衡指向发展起来后的短板，虽然事业整体发展了，但仍然存在有高有低的现象，这种现象大家容易看到，但解决起来难以一蹴而就；不充分则指向某类发展的欠缺，也就是发展得薄弱和不够的地方，这里有面对新形势、新环境、新阶段而逐步呈现出来的新问题，也有难以快速攻坚的长线老问题。不平衡是整体中的局部，不充分是部分中的总体；不平衡一般与短板相连，不充分多数与热点相关。它们都是教育的难点和重点问题，解决这些问题是新时代对教育工作提出的新使命和新要求。

行百里者半九十。越是接近梦想实现，越要头脑清醒、居安思危；既要看到成绩，又要看到困难和挑战。新时代教育发展的不平衡、不充分各有六个方面的表现。

不平衡主要表现在以下方面。第一，区域教育发展不平衡。我国是一个大国，地理条件迥异，东中西部之间存在明显的经济发展水平的梯度，农业经济、工业经济和知识经济等多种形态并存，区域间各级各类教育在办学理念、投入、条件、标准等方面差异巨大，"孔雀东南飞"现象严重，这是我们绕不开的问题。第二，城乡教育发展不平衡。长期形成的城乡二元结构对教育的影响巨大，许多时候城市教育和农村教育面对的问题完全不同，差异极其显著。第三，本地区校际发展不平衡。在过去物质短缺时代，学校的重点建设使得基础教育学校在办学条件、师资水平、教育理念上出现了不小的差距，时至今日也依然存在较为严重的县域内义务教育不均衡、城区内中小学条件水平不平衡现象，择校、大班额现象是百姓心中解不开的结。第四，教育结构发展不平衡。学前教育和高中阶段教育仍然是教育体系中的短板和弱项，普通教育和职业教育、学术型人才培养和应用型人才培养与社会的经济结构还不匹配，毕业生就业依然是社会关注的焦点问题。第五，德智体美劳全面发展不平衡。智育一枝独"大"，学生的社会责任感、创新思维、身体健康、审美、劳动意识和动手技能等培养训练环节不同程度地被知识学习挤占了时间。第六，家长对教育的心态不平衡。中华民族有重视教育的传统，但很多人对优质教育的理解、预期存在误区，由此造成了广大家长对择校的追逐和攀比现象，特别是当看到自己的同事、邻居等熟人为子女择校时，这种不平衡心态更加明显。

不充分主要表现在以下方面。第一，先进教育思想培植实践不充分。思想是行动的先导。面向未来，我们的很多教育理念还比较陈旧，人才培养模式相对于提高学生社会责任感、创新精神和实践能力的要求还有较大差距，死记硬背式的知识点学习、应试现象还比较严重，素质教育思想还没有在实践层面得到有效落实。第二，教育支撑国家战略发展能力不充分。现代教育体系尚不完善，拔尖创新人才和能工巧匠仍是人才培养的短板，特别是在以人工智能为代表的第四次产业革命浪潮来临之际，面对创新型国家建设需求，教育在中小学课程设置、高等学校学科建设等方面还未做好充分准备。第三，国际教育治理参与不充分。随着我国教育由弱到大再到强，我们需要积极参与国际教育规则制定，主动在全球教育发展议题上提出中国主张、中国倡议和中国方案，因此需要创新方式，充分利用国际组织平台、多边合作等阵地，推广我国教育发展的经验和标准，树立我国在国际教育治理中的负责任大国形象，目前这方面努力还远远不够。第四，教育公平推进不充分。教育公平是社会公平的基础，是社会主义的本质要求，要发展社会主义，必须逐步实现人民共同富裕。我国教育快速发展，但教育公平的推进不够充分。当然，公平问题也是与不平衡问题紧密联系在一起的。第五，教育内涵发展不充分。过去在穷国办大教育的情况下，我们首先重视教育的规模发展和办学条件的改善，但长期的惯性思维使得大家对于育人的内涵关注不够，教育外延扩展冲动依然强劲，质量、内涵建设等常常流于形式和表面，多样化选择不够，不同学校的特色不够鲜明。第六，依法治教实现不充分。依法治教需要更加注重运用法治思维和法治方式推动教育改革发展、推进教育治理能力现代化，而我们在转变政府职能、加强宏观管理、创新监管方式、增强政府公信力和执行力方面，与建设人民满意的服务型政府还有差距。

三、以问题为导向竭力满足人民日益增长的美好教育需要

当前，人民对教育的需求呈现多样化、多层次、多方面的特点。习近平总书记指出："人民对美好生活的向往，就是我们的奋斗目标。"陈宝生部长提出，"教育改革进入'全面施工内部装修'阶段"。我们必须高质量开展教育大厦的"全面施工"工作，高标准绘制内部"装修设计"的美丽蓝图，以更加公平、更高质量的教育满足社会多元需求，使发展成果更多惠及全体人民。

问题是时代的声音，出现问题就必须予以解决。问题与成绩也常常相伴共存，因为许多热点难点问题常常带有阶段性甚至长期性特点，既是过去攻坚的重点，也是未来努力的方向。我们需要针对教育发展的不平衡不充分问题，深入贯彻新发展理念，更好地推动人的全面发展，不断提升人民对教育的满意度和幸福感，搞好教育事业"精装修"。为此，必须紧紧围绕教育的质量、公平等中心议题，坚守底线、突出重点、完善制度、引导预期，打好解决短板问题、突破关键环节的攻坚战。

要坚持方向引领，落实立德树人根本任务，发展素质教育，将德智体美全面纳入育人过程；完善教育体系，推动学前教育普惠发展，义务教育优质均衡发展，高中阶段教育分流选择发展，职业教育产教融合发展，高等教育高水平多样发展，继续教育终身学习发展，增强各级各类教育的针对性、吸引力和特色内涵优势；力补教育短板，重视农村义务教育、西部地区教育、校企合作育人、创新创业教育、教

育扶贫攻坚、薄弱校改造、教育标准制定等工作，推动教育由大到强；注重关键能力，加强学生认知能力、合作能力、创新能力和职业能力培养，强化思维训练，引导学生搭建起合理的智能结构。

解决问题需要精准用力——找准问题，针对问题的关键和症结，对症下药，集中精力打歼灭战；需要科学用力——遵循人的成长规律，以青少年身体发育成长和心理健康发展为基础，按专业水准要求、教育规律办事；需要持久用力——教育是内化于心的事业，需要驰而不息、持之以恒，方能看到成效。

解决问题还需要有责任心、使命感和奉献精神。要以党的宗旨、国家发展目标和人民根本利益为思考问题的出发点和行动指南，不计较个人得失，勇于克服困难，把个人事业融入新时代中华民族伟大复兴、建设教育强国的事业之中，融入伟大斗争、伟大工程、伟大事业、伟大梦想之中。

四、以目标为导向谋划 2035 年的教育

习近平总书记在党的十九大报告中指出："今天，我们比历史上任何时期都更接近、更有信心和能力实现中华民族伟大复兴的目标。"这个时代"是我国日益走近世界舞台中央、不断为人类作出更大贡献的时代"。

如果说，全面建成小康社会决胜期，实现第一个百年奋斗目标，我们主要是以问题为导向打好决胜攻坚战，那么，建成社会主义现代化强国，实现第二个百年奋斗目标，则需要更多地以目标为导向谋划未来发展。这一过程就是以目标导向不断推动教育问题解

决的过程。

问题导向主要指向公平质量和体制机制，目标导向需要预测社会、国际、科技发展前景，指向育人模式及其制度保障，二者有着极强的相通性，但判断的依据不同。党的十九大对国家发展提出了"到 2035 年基本实现社会主义现代化"的新的阶段目标，作为教育工作者，必须思考如何实现教育优先发展命题，以服务国家现代化建设为己任，积极投身于中华民族伟大复兴的伟大斗争和伟大事业。为此，我们需要：

——以民族复兴的梦想确立教育的理想。祖国的昌盛、民族的未来就是教育的理想及其目标制定的依据。教育必须为人民服务，为中国共产党治国理政服务，为巩固和发展中国特色社会主义制度服务，为改革开放和社会主义现代化建设服务，为实现"两个一百年"奋斗目标服务。今后一个阶段的教育发展，必须遵从全面建设社会主义现代化国家新征程"两个阶段"和"两步走"的总体要求，进行规划安排。

——以教育目标为导向清除发展征程中的障碍。未来是一个由目标看问题、实现目标解决问题的过程。以目标为导向必须在全球经济、科技革命大格局下思考社会的变化和教育的变革，比如人工智能对教育的影响、网络技术对治理变革的触动、人类命运共同体对文明走向的推进等。趋势判断尤为重要，很多问题是发展中的问题，是阶段性的问题，不能头痛医头、脚痛医脚，不能只见树木不见森林。创新是前所未有的事情，未来不变的也许就是变化本身，我们教育出来的新一代必须有创新和适应变化的能力。

——以教育规律为遵循致力于人的健康成长。在未来发展中人是第一位的因素，因此必须遵循人的成长规律。就像种植一棵果树，浇水、施肥、嫁接、修枝、开花、授粉、防虫、结果、收获是有规可循的，欲速则不达，不能揠苗助长。心理学、认知科学是教育学的重要基础，智能结构、迁移理论已在学界获得共识，我们的教育教学安排需要以这些理论成果为参照。人才培养应当关注思维、创新、技能等影响学生终身发展的关键能力，不能仅在知识点记忆上耗时间，要注重为学生搭建合理、科学的智能结构，以更好地实现人的能力迁移。

——以实现人的全面发展满足人民对美好教育的向往。实现人的全面发展是我们的理想，也是广大学生、家长的共同愿望，因此培养德智体美全面发展的社会主义建设者和接班人就是我们的奋斗目标。素质教育是全社会的期盼，是具有中国特色的教育思想，只不过很多家长都因怕孩子输在起跑线上而逐步强化了应试教育。因此，我们一方面要加强教育供给侧结构性改革，坚持规格标准和内涵特色的结合，针对不同教育阶段的特点扩大优质和多样的教育供给；另一方面要合理引导家长预期，宣传有教无类、因材施教等教育观念，让大家明白合适的教育才是最美好的教育。

——以教育优先发展支撑国家现代化未来。教育对于整个社会的发展具有先导性、全局性和基础性作用。世界发展的历史表明，教育兴则科技兴、经济兴、国力旺；当代中国自身的发展表明，教育既是改革开放基本国策的实践者和受益者，也是国力增强的强力推动者。教育是一个民族最根本的事业，建设教育强国是中华民族伟大复兴的基础工程，教育现代化必将先于国家现代化而实现。教育与社会相互促进、相得益彰、协同发展，共同服务于人民日益增长的美好生活需要。

（原文发表于《人民教育》杂志2017年第21期）

努力让每个孩子
享有公平而有质量的教育

杨银付

党的十九大作出了中国特色社会主义进入新时代的重大政治判断，把习近平新时代中国特色社会主义思想作为我们党必须长期坚持的指导思想写入党章。这是党的十九大最重要的历史贡献。党的十九大强调优先发展教育事业，开启了加快教育现代化、建设教育强国的新征程，在党代会报告中第一次提出了建设教育强国。这是党的十九大在教育方面最大的亮点。

党的十九大提出，新时代我国社会的主要矛盾已经转化为人民日益增长的美好生活需要和不平衡不充分的发展之间的矛盾。新时代的教育工作就是要破解人民日益增长的对更加公平、更高质量、更富特色教育的需求和不平衡不充分的教育发展之间的主要矛盾。这就要以习近平新时代中国特色社会主义思想为指导，全面贯彻党的教育方针，落实立德树人根本任务，深化教育改革，发展素质教育，推进教育公平，加快教育现代化，建设教育强国，培养德智体美全面发展的社会主义建设者和接班人，培养担当民族复兴大任的时代新人，在党的旗帜下办人民满意的教育，切实增加老百姓的教育获得感。

一、学前教育迈上新台阶，仍处发展提高关键期

学前教育是终身学习的开端，是国民教育体系的重要组成部分，是重要的社会公益事业。党的十九大报告要求"办好学前教育"，在幼有所育上不断取得新进展。近年来，按照党中央、国务院的决策部署，教育系统以县为单位先后完成两期学前教育三年行动计划，并于2017年启动实施第三期行动计划。各级政府高度重视，财政投入持续增加，长期制约学前教育发展的一些瓶颈问题得到突破，全国学前三年毛入园率2016年达到77.4%，"入园难"进一步缓解，学前教育发展迈上新的台阶。

但总体上看，学前教育仍是教育体系中最薄弱的环节，普惠性资源供给不足，教师数量短缺、工资待遇偏低，幼儿园运转困难，保教质量参差不齐等问题还普遍存在，学前教育仍处于爬坡过坎的关键期。

根据第三期学前教育行动计划，到2020年我国将基本建成广覆盖、保基本、有质量的学前教育公共服务体系，全国学前三年毛入园率达到85%，公办和民办普惠性幼儿园覆盖率达到80%左右。办好学前教育，要注重科学规划，充分考虑人口政策调整和城镇化进程，优化幼儿园布局；坚持公益普惠，进一步增加普惠性资源供给，公办民办并举，提高公办幼儿园提供普惠性学前教育服务的能力，

引导和扶持民办幼儿园提供普惠性服务；强化机制建设，落实地方政府发展和监管学前教育的责任，建立健全确保学前教育可持续发展的体制机制；发展与质量并重，推动各地制定公办园生均拨款标准和生均公用经费标准，构建幼儿园教师队伍建设支持和保障体系。

二、义务教育实现高水平普及，要高度重视农村义务教育

义务教育是国家依法统一实施、所有适龄儿童少年必须接受的教育，是我国教育工作的重中之重。2016年全国小学净入学率为99.9%，初中阶段毛入学率为104.0%，九年义务教育巩固率为93.4%，我国义务教育实现了高水平普及。

党的十九大要求，"推动城乡义务教育一体化发展，高度重视农村义务教育"，这指明了我国义务教育工作的重点和方向。按照国务院《关于统筹推进县域内城乡义务教育一体化改革发展的若干意见》，到2020年，城乡二元结构壁垒基本消除，义务教育与城镇化发展基本协调，城乡学校布局更加合理，大班额基本消除，城乡师资配置基本均衡，乡村教育质量明显提升，教育脱贫任务全面完成，县域义务教育均衡发展和城乡基本公共教育服务均等化基本实现。

推动城乡义务教育一体化发展要多措并举。要按时完成"全面改薄"。2018年全面完成贫困地区义务教育薄弱学校改造工作，这是提高我国基础教育水平的基础一环，覆盖全国2600多个县近22万所义务教育学校，被誉为"我国义务教育学校建设史上中央财政投资最大的单项工程"。目前项目进展顺利，反响良好，到2018年

底所有项目学校要达到基本办学条件底线要求。要加快实现"城乡一体"。2014年起我国统一城乡中小学教职工编制标准，2016年起统一城乡义务教育学校生均公用经费基准定额，并加快推进县域内城乡义务教育学校建设标准统一，推进"两免一补"政策城乡全覆盖。要着力解决"乡村弱"和"城镇挤"的问题。学生规模不足100人的村小学和教学点要按100人核定公用经费，按计划到2018年基本消除66人以上超大班额。要切实做好"控辍保学"。坚持依法控辍、提高质量控辍、落实扶贫控辍和强化保障控辍并举，为2020年我国九年义务教育巩固率达到95%奠定坚实基础。要认真落实《义务教育学校管理标准》。确保逐校覆盖，提升我国义务教育管理标准化、规范化、制度化水平。要继续开展均衡发展督导评估认定工作。截至2017年底，全国2379个县（市、区）达到义务教育基本均衡标准，占全国总数的81%，有11个省份实现全省县域义务教育基本均衡。要确保到2020年全国基本实现县域均衡发展，并建立均衡发展长效机制，同时推动由基本均衡走向优质均衡，具备条件的地区从县域均衡迈向市域均衡。

三、高中阶段教育总体取得较大发展，发展与改革的任务依然较重

高中阶段教育是国民教育体系的重要环节，是学生从未成年走向成年、个性形成、自主发展的关键时期，肩负着为各类人才成长奠基、培养高素质技术技能型人才的使命。党的十八大以来，我国高中阶段教育总体上取得了较大发展，办学规模不断扩大，学校条

件逐步改善，教育质量稳步提升。2016年，我国高中阶段教育毛入学率达到87.5%，高中阶段教育实现基本普及。

党的十九大报告要求，"普及高中阶段教育，努力让每个孩子都能享有公平而有质量的教育"，这对我国高中阶段教育发展提出了更高的要求。从目前情况看，由于多方面原因，高中阶段教育仍然存在许多明显短板：一些贫困地区、民族地区、边远地区教育资源短缺，普及程度不高；普通高中教育与中等职业教育发展不协调，部分地区中等职业教育发展明显滞后；一些学校办学条件薄弱，经费投入机制尚不健全，普通高中债务问题尚未得到有效解决；教师总量不足，中等职业教育"双师型"教师短缺；一些学校教育质量不高，普通高中缺乏特色，中等职业教育吸引力不强。

要实施好普及高中阶段教育攻坚计划，提高普及水平，着力提高教育基础薄弱地区特别是高中阶段教育毛入学率较低地区的普及程度，增加特殊群体接受高中阶段教育的机会，到2020年，全国和各省份毛入学率均达到90%以上，普及高中阶段教育。要优化结构布局，统筹普通高中和中等职业教育协调发展，提高中等职业教育招生比例。要加强条件保障，完善学校办学标准，加强学校办学条件建设，健全生均拨款制度，建立合理的成本分担机制。要健全学生资助制度，使绝大多数城乡新增劳动力接受高中阶段教育，进而更多接受高等教育。要提升教育质量，深入探索新课改背景、新高考背景和信息化背景下的高中教育教学改革与人才培养模式创新，适应课程结构调整，改进高中教学组织形式，推进选课走班，悟透新课程标准，培育学生核心素养，推动普通高中多样化发展。

（原文发表于《中国教育报》2018年1月3日第5版）

教育发展的那些不平衡和不充分

安雪慧

习总书记在党的十九大报告中明确强调，"建设教育强国是中华民族伟大复兴的基础工程"，要"优先发展教育事业"，"加快教育现代化，办好人民满意的教育"。这是基于中国特色社会主义进入新时代的重要判断，为我国未来教育改革和发展指明方向，提出从教育大国迈向教育强国的新定位和新使命。社会主要矛盾的变化，对教育改革与发展提出了许多新要求。面对新时代、新需要，必须认真研究教育发展中的不平衡不充分问题，抓住主要矛盾，积极回应人民群众对教育的新期待，这是新时代教育发展的新特征，也是教育改革新征程的新使命。

从整体看，不平衡主要体现为现阶段教育事业发展中的短板，体现为整体中的局部短缺。

首先是区域教育发展中的不平衡问题。党的十八大以来，中西部教育和农村教育得到明显增强，但与东部地区和城市地区相比，仍然存在差距。截至 2016 年底，已有 1824 个县通过县域义务教育均衡督导评估认定，占全国总数的 62.4%。仍有约三分之一的县区没有实现县域内义务教育均衡。且一些已经完成均衡督导评估的县区，在一些教育发展指标上，区域之间的差距仍然存在，中西部和农村地区仍有提升空间。在我国决胜建成全面小康社会的关键阶段，教育不但承担着自身系统全面提升的任务，还承载着如何在贫困地区"扶智""扶志"，有效实现"精准扶贫"的基础攻坚任务。也就是说，教育是促进贫困地区社会经济快速发展、补齐短板和可持续发展的重要基础。在新时代，基本公共教育资源应继续实行倾斜政策，逐步缩小区域、城乡、校际发展差距，抬高底部、夯实基础，让每一所学校办出特色、办出水平。十九大报告提出的"实施乡村振兴战略""实施区域协调发展战略"，都是解决教育区域间发展不平衡问题的重要战略。

其次是教育层次结构中的不平衡问题。从各级教育看，学前教育和高中阶段教育仍然是教育体系中的短板和弱项。十八大以来，各级教育事业快速发展，2016 年，学前三年毛入园率比 2012 年提高 12.9 个百分点，达到 77.4%，超过中高收入国家平均水平 5 个百分点；九年义务教育巩固率达到 93.4%，比 2012 年提高 1.6 个百分点，义务教育高水平普及，超过高收入国家平均水平；高中阶段教育毛入学率达到 87.5%，比 2012 年提高 2.5 个百分点，高于中高收入国家平均水平 5 个百分点；高等教育毛入学率达到 42.7%，比 2012 年提高 12.7 个百分点，超过中高收入国家平均水平 6 个百分点。但可以看出，学前教育和高中阶段教育仍是我国教育体系中的短板。同时，随着"全面二孩"政策的实施，未来将产生新的入园高峰。越来越多的研究表明，学前教育和看护是决定未来儿童认知水平、情感发展、创新能力和创新精神的关键，是其他教育阶段无法弥补和替代的；高中阶段教育是提升未来劳动力素养和建设人力资源强国的关键。因此，解决好各级各类教育间的平衡与协调问题，是有效推进教育供给侧改革、实现教育结构整体优化、全面实现教育现代化的重要内容。

再次是不同学习教育群体中的不平衡问题。十八大以来，在"一个都不能少""人人都出彩"的战略布局下，国家出台了一系列政策，促进不同群体之间的教育平衡发展。儿童就学环境改善，各级教育的女性参与率持续提高，性别差距基本消除，随迁子女异地就学障碍逐步消除，留守儿童关爱服务体系初步建立，特殊教育体系初步形成。在学生资助方面，在原有政策的基础上，国家又相继出台了6项新的资助政策，完善了11项原有资助政策，实现了从学前教育到研究生教育所有学段全覆盖、公办民办学校全覆盖、家庭经济困难学生全覆盖。在农村和贫困地区学生优质就学机会方面，国家实施了高校定向招收农村和贫困地区学生的专项计划，覆盖所有农村、边远、贫困和民族地区。实施支援中西部地区招生协作计划，高考录取率最低的省份与全国平均水平的差距缩小到5个百分点以内。这些成果都切切实实地给人民群众带来了教育获得感。但由于多种原因，现实中不同群体间的教育水平差距仍然存在。比如，不同年龄群体对继续教育和终身学习的参与程度不同，文化程度越低，继续学习的参与率就越低；不同职业群体对继续学习的参与率也存在较大差距；对学习困难学生和特殊儿童的关注度仍然需要加大；寄宿制学生的健康发展还需要得到进一步关注。

最后是教育改革的不平衡问题。教育领域的综合改革是深入推进教育整体性改革的重要路径。受多种因素影响，有些地方条件成熟，改革力度大，有些地方则进度缓慢；有些领域改革力度大，有些领域则仍在起步阶段。在改革步入深水区的攻坚阶段，必然会遇到深层次的体制机制障碍。在管理机制方面，一些地方已经切实简政放权，大力减少了行政部门对正常教学的干扰，放管结合，释放了教育活力，但在另一些地方，学校仍然将很多精力和时间放在应付检查工作上。在课程改革方面，随着区域间教育资源的逐步均衡，课堂内部的改革已经迫在眉睫。一些地方逐步开始进行选课走班、智慧课堂等新教学模式的改革，但有些地方仍然存在各种问题和困难。困难大多是软资源方面的。比如，学校虽然实现了多媒体教室和网络资源的全覆盖，但在设备的使用率方面还存在较大差距。有些学校设备闲置情况严重，这既有缺少可以使用这些设备的教师的原因，也有学校对充分利用这些资源缺乏主动性的原因。这种改革的不平衡使得教育供给侧改革不能整体推进，影响到教育改革的系统性和持续性。

不充分主要体现为局部中的整体发展不够，体现为各级各类教育质量还不能满足人民群众"上好学"的教育需求，不能满足每一个学习者多样化的学习需求，体现为教育在现代化建设中的战略引领作用还发挥得不够。不充分既有热点难点问题，也有战略性问题。

第一是教育质量提升中的不充分问题。在教育领域，质量问题体现为人们从"有学上"到"上好学"的需要转变，择校、大班额、课业负担都与人们对优质教育的需要紧密关联。十八大以来，教育中的热点难点问题被逐步解决，义务教育质量整体提高，但从人们在优质教育方面的获得感和幸福感看，优质教育资源仍显得不充分，教育质量仍须不断提升。这就要着重在质量上下功夫，更好地满足人们日益增长的教育需要。2017 年，教育部制定了《县域义务教育优质均衡发展督导评估办法》，开展区域内义务教育优质均衡发展县（市、区）督导评估工作，引导有条件的地方在实现县域内义务教育基本均衡后，逐步扩大均衡发展范围，巩固基本均衡发展成果，进一步实现优质均衡发展。优质均衡发展督导评估成为未来一段时期内推进义务教育均衡发展的新标杆，不仅要求扩大优质教育资源的覆盖面，而且要求把工作重点放在全面提高教育质量上，关注学校管理、课程教学改革，满足人民群众多样化的教育需求。

第二是满足人们多样化教育需要中的不充分问题。由于学生具有不同的特征，家长有多样化的需要，如何让每一个孩子在获得公平机会的同时获得适合自身的教育，成为未来教育改革发展的重点。未来课堂不是校园、教室、教师的简单组合，固定地点、固定时间、固定教材的传统教育和学习模式正在逐步发生变化，处处可学、时间灵活、自定学习进度和内容的现代学习方式正在逐步形成，如一些学校和地方探索的选课走班模式、移动终端课堂、智慧课堂等。从机会公平到教育获得感公平，需要教育体系中的课程不断丰富，课堂组织和形式多样化，满足学习者个性化和多样化的学习需求，真正做到让每一个孩子成才，不让一个孩子掉队。多样化、个性化的课堂除了组织形式上的变革之外，还要求实现一个重大变革，即教师角色的变革。教师不再是传统的课程讲授者，而是将工作重点放在与学生进行情感互动、创新互动以及其他综合互动上，是学生学习的协助者。当然，满足多样化需求的教育是一项长远工程。

第三是学校对新技术新课堂准备不充分的问题。人工智能作为未来社会的引领性技术，正在引发经济社会发展对人的发展的新要求，推进教育从数字化、网络化向智能化迅速跃升，为未来新型学校的出现和新型教育生态系统的形成提供了可能。目前，随着人工智能的发展，多种智能技术、平台开始深入课堂和学习过程，对学校教育教学产生了深刻影响。有些技术已经成功成为连接城乡学校和校际名师资源共享的桥梁。技术资源不仅可以解决教育资源和机会的不均衡问题，更为教育适应新时代及教育创新提供了新渠道。在教学实践中，人工智能可以辅助教育教学，帮助学生和家长更好地判断学业水平、学习兴趣。这些个性化的智能评测和服务能够促进教育教学过程的个性化，提高教育教学活动的针对性。但人工智能如何在课堂教学中发挥作用？哪些可以由机器做，哪些可以由教师做，哪些必须由学生自己做？这些问题还需要深入研究。如果将人工智能作为知识传递的辅助工具，那么教师就可以将更多精力用于与学生的情感沟通，促进学生身心健康发展，这是人工智能所不能替代的。十九大报告明确提出办好网络教育，对新技术下的新课堂提出了新要求。网络课堂不是简单地接入互联网，而是实实在在的课堂革命。

第四是教育对未来社会发展转型关注不充分的问题。当前，随着社会经济的发展，教育一直适应着社会的需求，学校、教师和学生也都将关注点放在如何满足社会经济产业结构需求的问题上。那么在新时代，教育如何主动助力社会转型呢？教育要有新作为，教育工作者就必须关注教育的未来，关注社会的未来，以更大的视野和格局关注教育内部的改革，找准教育在新时代的新定位。在这个新坐标中，教育要有新作为，就必须以未来为导向，更好地完成立德树人的根本任务，增强年青一代的社会责任感、创新精神和实践能力，让他们担负起历史使命。也就是说，必须跳出教育谈教育，从实现"两个一百年"奋斗目标，从未来整个社会发展转型的角度思考教育、设计学校课堂、规划课程，把学生真正培养成为社会主义的建设者和接班人。从这个意义上说，教育就成为未来社会的引领者，成为我国社会主义现代化建设的先行者。

必须认识到，这些不平衡和不充分问题对教育改革和发展提出了许多新要求，要在继续推动发展的基础上，努力解决好这些不平衡和不充分问题，大力提升教育质量和效益，努力办好人民满意的教育，让教育获得感的内涵更加丰富。

（原文发表于《光明日报》2018 年 1 月 23 日第 13 版）

办好公平而有质量的
基础教育

汪　明

习近平总书记在党的十九大报告中指出："推动城乡义务教育一体化发展，高度重视农村义务教育，办好学前教育、特殊教育和网络教育，普及高中阶段教育，努力让每个孩子都能享有公平而有质量的教育。"

努力让每个孩子都能享有公平而有质量的教育，是党的十九大对我国教育改革发展提出的新要求，而办好公平而有质量的基础教育是办好公平而有质量教育的题中之义。全面贯彻党的教育方针，落实立德树人根本任务，发展素质教育，推进教育公平，培养德智体美全面发展的社会主义建设者和接班人，这是办好公平而有质量的基础教育的重要指针。就基础教育的各学段而言，不论是学前教育、义务教育还是高中阶段教育，虽然有着各自的改革发展目标，但在着力解决好发展不平衡不充分问题，积极促进公平而有质量的发展这一目标上是一致的，这也是实现教育现代化、建设教育强国的重要任务。

办好公平而有质量的学前教育。推动学前教育发展需从扩资源、调结构、建机制和提质量等方面入手，而促进学前教育公平的核心词是"普惠"。近年来，我国学前教育事业取得了突破性进展，但随着"全面二孩"政策的实施和城镇化进程的加速，学前教育的需求和供给矛盾仍非常突出，进一步增加学前教育资源供给，特别是普惠性学前教育资源的供给，到 2020 年普惠性幼儿园占比达到80%，是一项非常紧迫的任务。增强普惠性须进一步规范普惠性民办幼儿园认定标准，完善相应的资助与扶持政策，支持民办幼儿园提供面向大众、收费合理、质量合格的普惠性服务。同时，学前教育亟须提高质量。不能违背教育规律和幼儿身心发展特点，把小学教学内容简单下移到幼儿园，一味让幼儿园孩子学算术、学拼音、学英语，而要加强科学保教，坚持以游戏为基本活动。

办好公平而有质量的义务教育。促进义务教育均衡发展，是教育公平的重要体现。日前，教育部部长陈宝生在回答记者提问时说，改革攻坚，教育有三块"硬骨头"，其中一块是义务教育控辍保学。目前义务教育失学辍学主要集中在农村、边远、贫困和民族地区。加强贫困地区控辍保学工作尤为重要，这是夯实教育脱贫根基、阻断贫困代际传递的一项重要任务。2014 年我国九年义务教育巩固率为 92.6%，2015 年为 93.0%，2016 年为 93.4%，每年增长 0.4 个百分点。按照国家确定的目标，2020 年我国九年义务教育巩固率要达到 95%，确保实现这一目标仍须付出积极努力。为此，国家要求做到"三避免、一落实"：避免因贫失学辍学，避免因上学远上学难辍学，避免因学习困难或厌学辍学；落实政府及社会各方控辍责任。

值得关注的是，促进义务教育均衡发展，必须处理好均衡与发展的关系、均衡与差异的关系、均衡与优质的关系，进而推动和实现有质量的均衡，这是提升新时代义务教育质量的现实诉求。只有切实提高义务教育质量，才能巩固普及九年义务教育成果，才能推动义务教育均衡发展，也才能更好地实现精准扶贫。义务教育在均衡基础上追求优质，就是要实现由外延发展向内涵发展的转型，由粗放型管理向精细化管理的变革，由局部高质量向全面高质量的跨越。

办好公平而有质量的高中教育。当前，我国普及高中阶段教育进入攻坚阶段。打好普及攻坚战需要紧紧瞄准困难地区和特殊群体，提高困难地区普及水平，扩大特殊人群接受高中阶段教育的机会，这是促进公平的必然要求。同时还要积极创新高中育人模式，不断深化课程和教育教学改革，努力推动高中教育多样化特色发展。如：增强普通高中课程的选择性和适应性，满足学生多样化需求；推行选课走班，形成与选课走班相适应的教学管理机制；建立选课和生涯规划指导制度，鼓励教师全员参与指导学生学习成长。高考综合改革和教育质量综合评价改革的深入推进，为高中教育的多样化特色发展提供了一个良好的契机。

（原文发表于《中国教育报》2017年11月8日第2版）

充分发挥研学旅行
在立德树人中的重要作用

王晓燕

　　教育说到底就是教书育人，其核心是立德树人。十九大报告指出，中国特色社会主义进入新时代，社会主要矛盾已转化为人民日益增长的美好生活需要和不平衡不充分的发展之间的矛盾。这是中国发展新的历史方位，也昭示着中国教育发展进入了新的历史阶段。立德树人是新时代发展中国特色社会主义教育事业的核心所在，是培养德智体美全面发展的社会主义建设者和接班人的本质要求。

　　开展研学旅行，正是新时代落实立德树人根本任务的重要途径，有利于促进学生培育和践行社会主义核心价值观，激发学生对党、对国家、对人民的热爱之情；有利于发展素质教育，创新人才培养模式，引导学生主动适应社会，促进书本知识与生活经验的深度融合；有利于加快提高人民生活质量，满足学生日益增长的旅游需求，从小培养学生文明旅游意识，养成文明旅游行为习惯。

面对新时代新要求，我们需要站在实践育人、全面育人的高度，充分发挥研学旅行在立德树人中的重要作用。特别是要把培养学生的社会责任感、创新精神和实践能力作为重点目标，与社会主义核心价值观教育有机结合，落实到研学旅行的具体活动内容中。

一、把教育性原则放在首位，促进旅行活动与学校课程的有机融合

要把握研学旅行的正确方向，研学旅行是研究性学习与旅行体验相结合的教育活动，研学是目的，旅行是手段，两者相互结合、缺一不可，通过旅行中开展的各种教育活动和学生的亲身体验，实现综合育人的目的。

要避免出现"只旅不学"或"只学不旅"的现象，必须把教育性原则放在首位，寻找适切的研学主题和教育目标，深度促进旅行活动与学校课程的有机融合。在课程目标的制定上，要与学校的综合实践活动课程统筹考虑。

教育部已正式发布《中小学综合实践活动课程指导纲要》，立足立德树人根本任务的要求，对综合实践活动的课程目标做了明确规定。例如，高中阶段价值体认方面的具体目标是"通过……研学旅行……深化社会规则体验、国家认同、文化自信，初步体悟个人成长与职业世界、社会进步、国家发展与人类命运共同体的关系……具有中国特色社会主义共同理想和国际视野"。

与之相应，《关于推进中小学生研学旅行的意见》（以下简称《意见》）特别强调了"让广大中小学生在研学旅行中感受祖国大

好河山，感受中华传统美德，感受革命光荣历史，感受改革开放伟大成就，增强对坚定'四个自信'的理解与认同；同时学会动手动脑，学会生存生活，学会做人做事……促进形成正确的世界观、人生观、价值观"。通过学生在研学旅行活动过程中的体验感受及身心、思想、意志品质等方面的发展，落实立德树人根本任务，帮助中小学生了解国情、开阔眼界、增长知识，着力提高他们的社会责任感、创新精神和实践能力。

二、注重实践性学习特点，做好课程开发

学校要精心设计研学旅行的活动主题，做好课程开发，确保育人效果。作为一种人才培养模式的创新，研学旅行活动课程的设计要特别注重学生的实践性学习。

与学科课程相比，研学旅行活动是一类新型的课程。从课程性质来看，它是实践性的活动课程；从课程特征来看，它是一门集自主性、实践性、开放性、生成性于一体的课程；从课程设置的价值取向来看，它不再局限于书本知识的传授，而是通过旅行为学生营造实践情境，引导他们面对各种现实问题，主动探索、发现、体验，获得解决现实问题的真实经验，从中培养实践能力。

突出实践性活动课程的育人效果，正是我国发展素质教育的一种重要创新。这类课程对培育培养学生综合素质，尤其是价值体认、责任担当、实践创新等学生发展核心素养方面具有不可替代的作用。因此，研学旅行的课程开发应当超越学校、课堂和教材的局限，在活动时空上向自然环境、学生的生活领域和社会活动领域延

伸，因地制宜，在教师的指导下，以问题为中心，让学生在实际情境中认识与体验客观世界，在实践学习中亲近自然、了解社会、认识自我，并在学习过程中提高发现问题、分析和解决问题的实践能力。

正因如此，《意见》重点强调了要根据研学旅行的育人目标，根据学段特点和地域特色，建立小学阶段以乡土乡情为主、初中阶段以县情市情为主、高中阶段以省情国情为主的活动课程体系。有针对性地开发自然类、历史类、地理类、科技类、人文类、体验类等多种类型的研学旅行活动主题。从活动的主题出发，设定合理的课程目标，把握研学旅行活动内容的关键要素，使立德树人根本任务落实在具体的活动实施过程中。

三、加强校内外资源整合，打造研学旅行基地

学校要加强研学旅行资源的创造性整合，构建丰富载体，确保活动内容品质。研学旅行育人目标的实现必须借助一定的载体，这个载体就是场所（基地）的选择。作为以立德树人、培养人才为根本目的的校内外综合实践育人形式，研学旅行要以统筹协调、整合资源为突破口。研学旅行基地的功能、研学旅行线路的设计、活动课程资源的开发，都需要进行创造性整合。

从育人资源的整合看，既包括校内外教育资源的跨界整合，也包括校内的多学科整合、跨学科整合。例如：要统筹安排好研学旅行基地、研学旅行线路的课程资源开发；要结合域情、校情、生情，从自然和文化遗产资源、红色教育资源和综合实践基地，以及

博物馆、科技馆、知名院校、工矿企业、科研机构中挖掘和整合可利用的课程内容。贯通课内与课外、校内与校外的时空资源，为学生的全面成长提供广阔的舞台。

《意见》把"建设一批具有良好示范带动作用的研学旅行基地，打造一批具有影响力的研学旅行精品线路"作为推进中小学生研学旅行的工作目标。从实际操作看，要发挥好自然资源、红色资源、文化资源、体育资源、科技资源、国防资源和企事业单位资源的育人功能，做好校内教育与校外教育的有效衔接，为落实立德树人根本任务提供丰富的活动载体和实践平台，确保研学旅行的活动品质。

例如：利用爱国主义教育基地、专题教育社会实践基地等资源，开展不同主题的实践活动；利用历史博物馆、文物展览馆、物质和非物质文化遗产等开展中华优秀传统文化教育；利用革命纪念地、烈士陵园（墓）等开展革命传统教育；利用科技类馆室、科研机构、高新技术企业设施等开展科普教育；利用军事博物馆、国防设施等开展国防教育；等等。总之，要通过资源整合，以基地为重要依托和载体，落实立德树人根本任务，实现学校教育与校外教育的有效融合。

四、建立健全研学教师培训制度，建设专业化指导教师队伍

要加强研学旅行的指导教师队伍建设，增强指导教师的组织管理能力，提升指导教师的专业化水平。教师队伍建设是保证研学旅

行质量和育人效果的重要因素。学校要建立专兼职相结合、相对稳定的指导教师队伍，承担起开发课程、实施规划、组织协调与管理方面的责任，负责确定并落实研学旅行合理的时间安排、实施方法、路径选择、出行线路、费用收支、对外联络沟通、注意事项等。

《意见》明确要求"学校自行开展研学旅行，要根据需要配备一定比例的学校领导、教师和安全员，也可吸收少数家长作为志愿者"，"学校委托开展研学旅行，要与有资质、信誉好的委托企业或机构签订协议书，明确委托企业或机构承担学生研学旅行安全责任"。此外，应建立健全研学教师培训制度，开展对研学旅行专兼职教师和相关人员的全员培训，明确培训目标，努力提升教师的知识整合能力、观察和研究学生的能力、课程资源开发和利用的能力等，使教师在研学旅行的路途中能及时捕捉学生动态生成的问题。

总之，要充分发挥研学旅行在立德树人中的重要作用，系统构建具有研学旅行特色的实践育人体系，形成校内与校外齐心协力、互相配合的实践育人工作格局，确立相互配套、协调一致的实践育人常态长效机制，从而构建起"全科育人、全员育人、全程育人、全方位育人"的系统化创新人才培养体系，为建设创新型国家，为"两个一百年"奋斗目标和中华民族伟大复兴中国梦的顺利实现打好基础。

（原文发表于《人民教育》2017 年第 23 期）

试论提高教育质量的行动逻辑

张家勇

提高教育质量，是教育改革发展的永恒主题和首要任务，是全球教育政策的共同价值取向，是国际社会倡导的共同教育目标，是维护全人类共同核心利益和实现全球可持续发展的关键一招。党的十八大以来，党中央、国务院对教育改革与发展做出了一系列重要部署，提高教育质量是贯彻落实党中央重大决策、回应人民对美好生活期盼的必然选择。人民对教育的新期待，核心是质量和公平，不追求质量的公平是假公平，不看重质量的改革是伪改革。党的十九大报告强调，努力让每个孩子都能享有公平而有质量的教育。提高教育质量，很有必要廓清相关主体的行动逻辑。

一、政府是教育质量的保障主体

政府是教育质量的保障主体。政府需要树立科学的教育质量观，确定教育改革与发展的优先项目，健全科学的教育评价制度，综合运用法律、政策、规划、财政拨款、标准、信息服务和必要的行政措施，为学校自主办学提供保障服务。

1. 更新质量观：全面系统可持续

党的十八大以来，在党中央"五位一体"总体布局、"四个全面"战略布局和新的发展理念指导下，全面系统可持续的教育质量观正在形成：既不能以教育发展替代教育质量，也不能以教育投入替代教育质量，更不能以局部亮点代替整体质量；既不能用包装伪装质量，也不能为短期效应牺牲长期质量，更不能以怠政、庸政和懒政的态度漠视质量。全面系统可持续的教育质量观，既要重视培养中小学生的社会责任感、创新精神和实践能力，也要重视培养大学生创业创新创意能力，重点是立德树人；既要着力提高高校拔尖创新人才的培养质量，也要努力提高各级各类学校人才的培养质量，重点是提高幼儿园基本办学标准和职业院校技术技能型人才契合社会需求的程度；既要着眼于提高示范性学校的教育质量，也要提高所有学校的教育质量，重点是提高薄弱学校的教育质量；既要提高发达地区的教育质量，也要提高全国所有地区的教育质量，重点是提高中西部农村贫困地区的教育质量；既要为所有人提供更多优质教育资源，也要让每个学生接受适切的教育，重点是对弱势群体进行教育扶贫。

2. 确定优先项目：把经费用在刀刃上

提高教育质量需要深刻剖析教育病理，还原教育立德树人的核心价值，根据轻重缓急精选优先项目。优先顺序影响着教育经费的使用效益，决定着学习者能否从教育中真正受益。对于教育质量而言，首先是教师队伍的质量，其次是学校管理水平，再次是基础设施。要把主要精力和重点资源用于提高教师职业吸引力，促进校长和教师专业化发展，增加学校办学自主权，落实教育家办学，满足学生的个性化发展需求，减少对学校的过多干预，破除影响教育质量的体制机制障碍等。可以在教师管理中发挥市场机制的作用，让工作在最边远贫穷的地区、最薄弱的学校、最艰苦的岗位上的教师得到真正实惠，获得最高待遇。提高门槛，让教师成为真正受人尊重的职业，让真正高度专业的优秀人才担任教师。

3. 推进"绿色评价"：让学校办学有方向

科学的教育评价制度是提高教育质量的关键环节，不能让教育行政化将学校异化为行政衍生机构，也不能让学校公司化将学校异化为商业性公司。要树立从上到下、从内到外的质量文化，完善国家教育质量标准体系，建立完整、有效、规范的质量监控制度。虽然这些年"绿色评价"已经成为教育质量评价的风向标，上海市等30个地区被确定为国家级"绿色评价"改革试点，但唯分数论、片面强调升学率的倾向在部分地区依然比较突出。考试是检验学生学习成果是否达到教育教学目标的重要工具，考试分数是学生升学的重要依据，也是反映学校教育质量的重要指标。但是，在某些地方考试分数成为评价学校教育质量的唯一指标，学校也将学生考试分数用于评价教师工作的质量，并与教师福利待遇、职称职务晋升挂钩。以升学率为导向的目标管理责任制，导致考试竞争愈演愈烈，师生身心健康备受摧残，教育生态遭到严重破坏。政府可以试行学校发展档案袋制度，综合学校发展重要指标，包括学生考试成绩、教师发展状况、学校管理水平等，持续收集学校发展大数据，对学校教育质量进行终结性评价、过程性评价和增值性评价。

二、学校是教育质量的责任主体

学校是教育质量的责任主体。学校的中心工作是为学生健康成长提供有效支持。学校需要从封闭转向开放，从重教转向重学，从标准化转向个性化，实施以学习者为中心的人才培养模式。

1. 从封闭到开放：引来教育活水

随着信息时代、知识经济时代和终身学习时代的到来，以传授间接经验见长的学校教育应更清醒地认识到自身的局限性，单靠书本知识和应试技巧难以形成对学生有吸引力、有高价值的教育影响。学校只是学习的重要场所之一，学习者的个体性、终身性、全民性教育需求，不可能全部在学校得到满足，自然环境和社会环境才是真正的人生大课堂，更多的学习发生在社会活动和工作实践当中。一滴水只有融入大海才有生命，一个人只有走进社会、融入社会、奉献社会，才会真正拥有美好人生。学校必须面向外部世界开门办学，充分利用校内校外、国内国外不同资源帮助学生增长才干；积极发挥学校教育的枢纽作用，推动家庭教育和学校教育、社会教育有机融合，营造良好家校关系、社会关系和共同育人氛围；通过家长教师联谊会等途径，让社区居民参与学校管理，增强他们的归属感；创设适合学生健康成长的生活情境，定期开展家长和学生共同参与的参观体验、专题调查、研学旅行和社会公益活动；统筹本土文化资源、自然资源和社会资源，构建丰富多彩的立体课程体系。

2. 从重教到重学：让学校名副其实

陶行知曾嘲笑民国时期的中小学名为"学校"实为"教校"，如今以教为主的"教校"仍大行其道。提升能力的主要途径是学，自主的学远胜被动的教。让学生在学习过程中找到兴趣，帮助学生感受持久的快乐，让学生保持好奇心和探索欲，是教师教学和学生学习的最佳成果。教育教学重心应从教师活动转向学生活动。

3. 从标准化到多样化：回归教育本质属性

多样性中的统一性才是教育质量的本质属性，不能以统一性和标准化取代多样性和特色化。学生千姿百态、学校特色鲜明，才能构成丰富多彩的教育生态。学校的中心工作是为学生健康成长提供必要支持，学生拥有不同的家庭经济文化背景，统一课程、统一教材、统一标准、统一进度的工业化办学思维无法满足学生的个性化学习需求。学校必须研究每个学生的学习和生活方式、习惯、智力、爱好、情绪、意志等个性特征，为学生提供宽松、宽容、自主、自在的学习环境，以丰富多彩的课程和形式多样的教学帮助学生发展。

三、学生是教育质量的行动主体

学生是教育质量的行动主体，是教育质量的直接体验者和最终受益人。学生需要从被动学习转向主动学习，做学习的真正主人，并全面理解学习内涵，从分数竞争转向共同成长。

1. 从被动到主动：做学习的真正主人

家庭是港湾，教师是水手，学生才是人生航船的舵手。孟子曰："君子深造之以道，欲其自得之也，自得之，则居之安，居之安，则资之深，资之深，则取之左右逢其原，故君子欲其自得之也。"

学习者应从他控走向自控，发现并保持自己的兴趣，做学习的真正主人。在博闻广识、慎思明辨的基础上学会选择，确定专业、职业和人生发展方向。充分利用直接经验的优势，积极寻找机会，在做中学，在实践中学习，在生活中学习，把知识内化为能力。把终身学习作为首选的生活方式，不仅做知识的消费者和传播者，更要做知识的探索者和创造者。

2. 从分数竞争到共同成长：全面理解学习内涵

学习改变自我，也改变世界。考进名校、获得高学历不是学习的终点，也不是人生探索的终点，分数远不是成长过程的唯一，考试分数远不等于学生综合素质，单靠考试分数无法应对人生进退起伏。学习的目的不是淘汰他人成就自己，而是相互促进共同成长，因此团队精神、小组学习、合作学习更值得提倡。人的情绪智力主要在与他人自由相处的过程中得到发展，学习者应增强与人相处的能力。所以，改变学习方式，拥有自由的思想、勇敢的精神和敏锐的洞察力，认识自身和他人的情绪，懂得自我激励，更有利于与他人和谐共处。

（原文发表于《中国教育报》2017 年 11 月 22 日第 5 版）

努力为新增劳动力提供更多教育机会

梁 彦

党的十九大报告对我国社会主义发展新的历史方位做出重要判断，就新时代实现社会主义现代化和中华民族伟大复兴的目标阐明大政方针。报告明确指出，在实现宏伟目标的过程中，要优先发展教育事业，"普及高中阶段教育"，"使绝大多数城乡新增劳动力接受高中阶段教育、更多接受高等教育"。这一决定坚持以人民为中心的发展理念，致力于满足人民群众接受更多教育的需求，是推进新时代教育强国建设、提升我国人力资源水平的重要举措。

一、普及高中阶段教育是新时代教育强国建设的战略举措

普及高中阶段教育是继全面普及九年义务教育之后又一个重大战略决策。高中阶段教育作为国民教育体系中承上启下的重要教育

阶段，"肩负着为各类人才成长奠基、培养高素质技术技能型人才的使命"。进一步提高高中阶段教育的普及率是推进我国教育强国建设的重要举措。

改革开放以来，我国教育改革取得的成就举世瞩目，但是我国高中阶段教育和高等教育的普及水平与经济最发达的国家相比还存在较大差距。2015 年，我国高中阶段教育毛入学率为 87.0%，高等教育毛入学率为 40.0%，根据联合国教科文组织的统计，北美和西欧国家的这两项数据分别为 109.0% 和 76.4%。也就是说，我国在中高级人才培养方面亟待进一步提升。

建设教育强国，进而实现中华民族的伟大复兴，下一个重要任务就是进一步提高高中阶段教育普及水平，让新增劳动力更多接受高等教育。通过大幅度提高年轻人的整体受教育水平，我国人力资源水平将实现快速提升。

二、普及高中阶段教育后人民群众将对更多更高质量的高等教育产生需求

虽然从数量上看，我国高等教育规模能够支撑普及高中阶段教育的要求，但是从对更高质量教育的需求来看，高等教育入学竞争压力还会持续甚至升级，同时，人民群众对多样化、灵活、开放的高质量继续教育也会有更多需求。

第一，高等教育入学竞争压力持续。竞争压力的重要来源之一是家长期望的提高。对高等教育的需求实际上反映了父母对子女教育的要求。在改革开放以后教育大发展机遇期成长起来的一代，如

今已经步入中年。他们的受教育程度普遍高于上一代，也很容易将"青出于蓝而胜于蓝"的期望寄托在下一代身上。在1990年第四次人口普查时，30—49岁人口中具有大专及以上学历的仅占2.5%，到2010年第六次人口普查时，这一比例已经提高至10.5%。近年来我国高等教育毛入学率持续提高，2016年已经达到42.7%，可以预见未来的父母对子女所受教育的质量和层级将会有更高的要求。

我们也可以从统计分布的角度进一步理解为什么高等教育机会增加了，但竞争压力没有降低。与学业成绩呈正相关的高等教育入学机会基本服从正态分布。这个分布的重要特点就是大部分人位于平均水平上下，学习能力特别强或特别弱的占比很小。因此，当高等教育毛入学率很低时（比如低于3%），只有能力远超平均水平的人才能被录取，大多数学生意识到通过自身努力很难达到入学要求，基本放弃参与竞争，也就没有所谓的压力。但是当高等教育入学机会不断提高，录取线附近将聚集大量能力相近的学生。毛入学率越接近50%，录取线附近聚集的人数比例就越高。也就是说，很多人认为只要稍微努力，就有机会赢得接受高等教育的机会。这是高等教育规模扩张造成全社会高考压力增加的统计学原因。

第二，普及高中阶段教育将使人民群众对灵活多样的高质量继续教育产生更多需求。高中阶段教育普及之前，高中文化程度属于中等文化水平。但是随着未来高中阶段教育普及率进一步提高，普通高中毕业证书在劳动力市场上将没有任何优势。中等职业教育的技能优势也依赖于学校培养的质量，并可能会因社会技能需求转换而变为劣势。可以预见，未来会有更多持有高中或中职文凭者寻求进一步提升自己能力和学历的机会。成人学习者脱产学习的机会有限，他们需要更加灵活的学习途径、更有效果的教学形式以及社会认可的学习成果。

从世界继续教育发展规律来看，学历水平是影响继续教育参与度的重要因素。学历越高者，通常接受学历教育或其他非正规教育的倾向性也越强。整体教育水平更高的发达国家，成人继续教育参与率通常也更高。因此，十九大报告提出"普及高中阶段教育"以及"使绝大多数城乡新增劳动力接受高中阶段教育、更多接受高等教育"的目标，实际上对继续教育也提出了更高要求。

三、坚持内涵式发展，为高中毕业生提供更多高质量、多样化的教育资源

第一，增加优质高等教育的供给。一方面，我们要继续推进"双一流"建设，另一方面，从满足人民群众对更多优质高等教育资源的需求，以及建设良好高等教育生态系统的角度来看，增加对经济欠发达地区公立高等学校的支持也非常有必要。应在经费支持、科研合作、教师进修等方面给予更多的政策倾斜，帮助有基础但长期没有得到政策支持的普通学校提升到新的高度，成为人民群众认可的地区优质高校。

第二，加快发展继续教育，建设学习型社会。普及高中阶段教育对学习者个人的重要意义是提高进一步学习的能力和动力。为满足全体人民特别是新增劳动力的学习需求，除继续推进学历继续教育以外，还应逐步增加非学历教育供给，完善相关学习支

持制度。如根据学习者的兴趣和需要，提供短期职业培训课程以及学历教育的部分课程，完善学分制，探索非学历教育与学历教育的衔接。

（原文发表于《中国教育报》2018 年 5 月 31 日第 7 版）

落实《义务教育学校管理标准》要坚守初衷

汪 明

《义务教育学校管理标准》（以下简称《管理标准》）于 2017 年 12 月正式发布。它标志着我国义务教育学校管理更加有章可循，进入了规范化、科学化、标准化时代，努力让每一个孩子享有公平而有质量的义务教育有了更加可靠的保证。

《管理标准》包括了保障学生平等权益、促进学生全面发展、引领教师专业进步、提升教育教学水平、营造和谐美丽环境、建设现代学校制度等 6 项大管理职责、22 项管理任务、88 条具体内容。这些管理职责、管理任务和具体内容涵盖了义务教育学校管理的各个方面，既有总体性的原则要求，又有可操作的具体规定，它是学校办学的保障，是办好学校的依据，也是学校依法办学、科学管理应遵循的重要规范。落实好《管理标准》，对于深入推进教育治理体系和治理能力现代化，不断提高办学水平和提升教育质量，进一步规范办学行为、提高管理水平都具有十分重要的意义。

　　但应当看到,《管理标准》的发布,只是迈出了学校管理规范化、科学化、标准化的第一步,坚守初衷使之能够真正得到落实,是对各级教育主管部门和每一所义务教育学校提出的新要求。

　　落实《管理标准》,要立足于建立现代学校制度、完善教育治理体系。建立现代学校制度、完善教育治理体系旨在通过制度创新,理顺学校内外部关系,促进学校的健康发展。因此,落实《管理标准》不能只有单一的学校视角,也不能仅将其看作学校的事情,需要政府、社会和学校的共同参与。《管理标准》既是学校办学治校的基本依据和工作目标,又是政府简政放权、减少具体干预、为学校办学提供基本保障、督导评价学校工作的基本依据和衡量标准,同时也为社会监督提供了重要依据和标准。

　　落实《管理标准》,要立足于提高办学水平、提升教育质量。努力让每个孩子都能享有公平而有质量的教育,是党的十九大对我国教育改革发展提出的新要求。不断提高义务教育办学水平,努力提升义务教育质量,是落实《管理标准》的一个重要立足点。《管理标准》为办好学校提供了基本依据,为教育质量的提升提供了重要抓手和实践载体,但让这一抓手和载体能够切实发挥作用,需要各级教育主管部门和义务教育学校对落实《管理标准》的重要性,对提高办学水平、提升教育质量的紧迫性有更加深刻的认识,从而转化为教育实践中的自觉行动。

　　落实《管理标准》,要立足于规范办学行为、提高管理水平。规范义务教育学校办学行为,是当前义务教育改革发展的一项重要任务。落实《管理标准》,可以更好地帮助学校解决"管什么""怎么管"的问题。《管理标准》既提出了"规定动作",包括必须落实的"正面清单"和不能触碰的"负面清单",还提出了倡导性内容。但围绕"管什么""怎么管",当前很多义务教育学校已经制定了学校章程,形成了一套完整的规章制度。如何将《管理标准》与学校的办学章程、各项已经有效运行的规章制度有机对接与融合,是一项新的任务要求。学校要依据《管理标准》,健全完善各项管理制度,推进依法治校、依法治教、依法施教。各级教育主管部门也要根据《管理标准》调整学校评估机制,以《管理标准》评价学校办学情况。

此外,落实《管理标准》,要充分考虑到区域教育、学校发展的不平衡,避免"一刀切"。《管理标准》是对学校管理提出的基本要求,具有普遍适用性,所有义务教育学校都必须严格按照《管理标准》的基本要求办学,没有《管理标准》之外的特例,这是一种刚性要求。但由于我国义务教育区域之间差异仍然较大,学校发展不平衡问题仍然突出,管理水平和教育质量参差不齐的状况仍然明显。如何在统一要求的基础上,注重分类指导、分层要求、分步实施,扎实稳步推进,真正促进学校实现科学治理,这是在落实《管理标准》时需认真加以关注的问题。

(原文载于教育部网站)

教师供给侧结构性改革
满足新时代教育新需要

安雪慧

教师是教育事业发展的基础，是提高教育质量、办好人民满意教育的关键。随着各级教育事业的发展和对优质教育诉求的不断提升，教师越来越成为判断学校教育教学质量的关键要素。无论在城市学校，还是在农村学校，优质教师短缺和教师学科性短缺越来越成为学校管理与建设的重点、难点，师资成为家长给孩子选择学校的重要参考依据。教师培养供给侧结构性改革旨在通过增量改革促存量调整，从而优化结构，提高教师要素的有效供给力，以提高结构对需求变化的适应性和灵活性，满足人们对更多教育获得感的需要。现代课堂、智慧课堂、移动课堂的形成，对新时代教师也提出了新的更高要求，教师不再仅仅是传统课程教授者，更是学习者的情感互动者、创新互动者及其他综合互动者。用供给侧改革思路聚焦教师队伍建设，为教师队伍结构优化和质量提高提供了新思路。习近平总书记在党的十九大报告中明确提出要加强师德师风建设，培养高素质教师队伍，倡导全社会尊师重教。这就对新时代教师队伍建设提出了新要求，优化教师结构，提升教师素质，造就一支适应现代课堂和教学的教师队伍成为实现教育现代化的关键条件。

一、要提高师范生生源质量

从各国经验看，关于优质教师的衡量标准，可以从多维度来制定。除了教师学历、职称、资格证书之外，还有一个比较常用的指标就是优秀高中毕业生报考师范专业的人数及比例。随着我国师范生分配制度变革、高校扩招以及工资水平的相对变化，优质中学毕业生把师范专业作为第一选择的比例越来越低。数据表明，近年来，师范专业的录取分数线低于同层次的非师范专业，一些地方师范院校或师范专业录取分数线低于该档次最低控制分数线，甚至一些地方本科院校师范专业录取分数线出现偏低、学生整体素质不高的情况。因此，必须完善师范生招生制度，确保生源质量。一些地方和学校积极探索出的有效经验可继续推广。例如，"大类招生、二次选拔、分段培养"的模式，选拔乐教适教的优秀学生攻读师范类专业。同时，继续实行师范招生提前批次录取、教育部直属师范大学和地方院校师范生免费教育政策等。另外，必须规范管理一些地方院校师范生招生工作，严格控制出现分数线低于控制线的情况。

二、要不断提升师范生培养质量

通过扩大教育硕士、教育博士招生规模，培养高层次的中小学教师。改革传统的师范培养模式及教育教学方式方法，不断创新教师培养模式，推进地方政府、高等学校、中小学"三位一体"协同育人，鼓励优秀中小学教师走入师范专业课堂，让师范生既学习理论知识，又体验实践经验。开展以学习者为中心的课程教育改革，提高教师对现代课堂的理论认识和实践能力，从而满足新的教育教学模式需要。增加教师教育者的中小学教学经验，加强师范生养成教育和教育教学能力训练，落实师范生教育实践不少于一学期制度。吸引综合性大学毕业生加入教师队伍，尤其是教授一些与现代课程、智慧课堂相关的学科，满足学校课程和教育教学模式新需要。例如，一些学校选课走班所需要的教师已经超出了传统意义上的师范教育的培养范围。近年来，一些优质中学在录用新教师时大多选择综合性大学毕业生，他们专业知识超前，知识迁移能力强，能够适应现代课程的需要。当然，这并不是说传统师范院校要摒弃侧重教学实践能力的办学特色，向综合性院校看齐，而是提倡各有侧重，办出特色，满足不同的需要。

三、要完善教师专业发展标准体系

在教师培养、准入、培训、考核等方面，严格以各级各类教育教师专业标准作为重要参考依据。依据师范类专业认证标准，开展专业认证和评估，规范师范类专业办学，建立教师培养质量评估制度。建立师范专业动态管理机制，定期评估，优良专业可适当延长评估周期，建立不合格师范专业招生和培养的退出机制与取消机制，促进各地不断提升教师培养质量。深入落实《中小学校领导人员管理暂行办法》，明确任职资格和条件，完善选拔任用、激励保障和管理监督机制，积极推进中小学校长职级制改革。进一步推进教师资格考试和定期注册制度改革，总结试点经验，逐步深化。一个完善的标准体系，不仅要从培养、准入等增量环节上进行优化，而且要通过动态管理机制，针对存量进行结构优化和质量提高。

四、要着力提升教师待遇

工资待遇是影响中学毕业生选择师范专业、师范毕业生投身教师行业的关键因素。数据表明，师范院校毕业生中，选择从教的毕业生不到一半。这就要求各级部门着力完善教师工资待遇保障机制，依法保证教师工资待遇。已经实施的集中连片特困地区乡村教师生活补助政策吸引了一大批优秀教师到农村学校任教，在一定程度上缓解了"留得住"的问题。但仍需要提高各地补助标准，依据学校艰苦边远程度实行差别化补助，扩大补助范围。借助我国社会保障制度，按照事业单位改革的总体部署，推进教师养老保障制度改革，按规定为教师缴纳社会保险费及住房公积金。要采取多种方式切实解决公办幼儿园非在编教师工资待遇偏低等问题，逐步实现同工同酬，将幼儿园教职工依法全员纳入社保体系。

五、要重点加强幼儿园教师队伍建设

从教育层级看，学前教育仍然是整个教育体系发展中的短板和弱项。因此，必须解决好这个不平衡、不充分的发展问题。随着"全面二孩"政策的实施，未来将出现新的入园高峰，对学前教育提出新的需求。目前，在教育程度上，乡村幼儿园专任教师显著低于镇区幼儿园专任教师，镇区幼儿园专任教师显著低于城区幼儿园专任教师；镇区和农村大多数幼儿园专任教师都没有专业技术职称。这就要求各级政府通过多种方式改变幼儿园教师供给，为农村和边远贫困地区培养补充合格的幼儿园教师，加大对幼儿园教师的全员培训，不断完善和全面落实有利于幼儿园教师专业发展的职称评审标准。针对占比较高的民办幼儿园，要建立健全民办幼儿园教师管理相关制度，依法保障民办幼儿园教师在培训、职务（职称）评审、教龄和工龄计算、表彰奖励、社会活动等方面与公办幼儿园教师享有同等权利。同时，引导和监督民办幼儿园依法配足配齐教职工并保障其工资待遇。

不断优化的生源和毕业生，会不断提高优质教师的供给效力；规范、标准化的管理，会不断优化教师增量和存量结构；有吸引力的工资待遇，会让乡村教师有更多获得感，让他们"下得去、留得住"；有了乐教适教的优秀教师，才能真正做到"教得好"。

（原文发表于《中国经济时报》2017 年 11 月 14 日第 5 版）

乡村振兴战略与乡村师资可持续发展

玉 丽

《中共中央国务院关于实施乡村振兴战略的意见》（以下简称《意见》）日前印发，对实施乡村振兴战略进行了全面部署。《意见》指出，实施乡村振兴战略，是党的十九大作出的重大决策部署，是决胜全面建成小康社会、全面建设社会主义现代化国家的重大历史任务，是新时代"三农"工作的总抓手。《意见》强调，实施乡村振兴战略，优先发展乡村教育事业，高度重视发展乡村义务教育，推动建立以城带乡、整体推进、城乡一体、均衡发展的义务教育发展机制。统筹配置城乡师资，并向乡村倾斜，建好建强乡村教师队伍。

乡村振兴战略的实施，离不开乡村教育的振兴；乡村教育是我国实现农业现代化、促进乡村经济社会发展、传承优秀乡村传统文化、提高农民文化素质的基础。要办好乡村教育，师资是关键，必须把乡村师资队伍建设摆在优先发展的战略地位。

党和国家历来高度重视乡村教师队伍建设，在稳定和扩大规模、提高待遇水平、加强培养培训等方面采取了一系列政策举措，乡村教师队伍面貌发生了巨大变化，乡村教育质量得到了显著提高，广大乡村教师为中国乡村教育发展作出了历史性贡献。但乡村师资队伍的可持续发展是一项系统工程，它与整个乡村社会、经济发展以及生态环境和乡村人口密切相关。受城乡发展不平衡、交通地理条件不便、乡村工作环境复杂和条件艰苦、待遇不高以及青年教师择偶困难等现实问题影响，乡村师资队伍存在整体素质不高、青年人难留、骨干力量流失严重、老龄化等问题。乡村教师队伍仍面临职业吸引力不强、补充渠道不畅、优质资源配置不足、结构不尽合理、整体素质不高等突出问题，成为制约乡村教育发展和社会发展的瓶颈。

为深入贯彻落实党的十九大精神，造就党和人民满意的高素质专业化创新型教师队伍，落实立德树人根本任务，培养德智体美全面发展的社会主义建设者和接班人，全面提升国民素质和人力资源质量，加快教育现代化，建设教育强国，办好人民满意的教育，为决胜全面建成小康社会、夺取新时代中国特色社会主义伟大胜利、实现中华民族伟大复兴的中国梦奠定坚实基础，《中共中央国务院关于全面深化新时代教师队伍建设改革的意见》就全面深化新时代教师队伍建设改革提出相关意见。

增强乡村教师职业吸引力，构建新时代乡村师资可持续发展机制，须重点抓好以下几方面工作。

一、建立良好的乡村教师激励机制

在物质方面，大力提升乡村教师待遇，提高他们的获得感和工作回报率。在精神方面，注重对乡村教师的荣誉激励，增强社会对教师的美誉度和认同感。同时，建立完善的晋升机制，使有能力的教师脱颖而出，埋头苦干的教师发展有望。

建设现代学校制度，体现以人为本，突出教师主体地位，落实教师知情权、参与权、表达权、监督权。维护教师职业尊严和合法权益，关心教师身心健康，让教师克服职业倦怠，激发工作热情。

二、以提升教师待遇和发展空间为核心，健全落实乡村教师各种保障措施

要大幅度提高工资待遇，建立"越往基层，越是艰苦，待遇越高"的机制，以一些实实在在的好政策惠及乡村教师。研究实行乡村教师基本工资标准高于全国平均水平的特殊支持政策，实现乡村教师工资标准不低于同级省会城市教师工资标准。进一步调整艰苦边远地区津贴补助标准，完善正常增长机制。改革完善职称政策，建立体现乡村、艰苦边远地区及基层一线教师工作实际和特点的评价标准。

三、创新灵活多样引进教师方式，建立教师共建共享体制机制

树立不求所有、但求所用的用人理念，促进中青年及骨干教师柔性流动，为他们在乡村服务搭建平台、提供服务。

四、以激活本土人才为根本，健全乡村教师培养机制

继续实施免费师范生项目，扩大艰苦边远地区招生规模。鼓励艰苦边远地区与院校合作，探索"高考定向招生、在校定向培养、回乡定向就业"方式，以加强艰苦边远地区学校教师资源开发。推行乡村教师"县管校聘"。实施好边远贫困地区、边疆民族地区和革命老区人才支持计划，继续实施"三支一扶"、特岗教师计划等，组织实施高校毕业生基层成长计划。支持地方高等学校、职业院校综合利用教育培训资源，灵活设置专业（方向），创新人才培养模式，为乡村振兴培养专业化人才。

五、完善乡村教师培养培训制度

针对目前我国乡村教师工作队伍视野不宽、专业能力不强的现状，要在加强对现有教师工作队伍的专业培训、技能提升以及价值

认可的基础上，一方面完善乡村教师的培养体系和人才回流机制，倡导教师的逆城市化发展，另一方面顺应美丽乡村建设需要，加大高等教育对乡村教师的培养力度，通过增加高校师范专业投入、减免学费等方式，引导有志有为青年进入"三农"领域，为实现乡村振兴战略奠定强大的人才基础。

六、研究制定符合乡村及艰苦边远地区实际的教师提前退休政策

目前，我国乡村教师年龄结构呈现学前及中学阶段教师年轻化、小学阶段教师老龄化特征。截至 2016 年，我国 55 岁以上乡村教师有 22.5 万人，其中，小学教师近 19.8 万人，约占 55 岁以上乡村教师的 88%。乡村教育中"劣质师资出不去，优质师资进不来"，教师队伍呈现出缓慢的新陈代谢状态和相对凝滞的发展格局。研究制定符合乡村及艰苦边远地区实际的教师提前退休政策尤为迫切。

（原文发表于《中国教育报》2018 年 2 月 23 日第 3 版）

党的十九大对"双一流" 建设的新要求新期望

刘承波

党的十九大报告指出:"建设教育强国是中华民族伟大复兴的基础工程,必须把教育事业放在优先位置,深化教育改革,加快教育现代化,办好人民满意的教育。""一流大学和一流学科建设"是建设高等教育强国、实现十九大提出的"实现社会主义现代化和中华民族伟大复兴"总任务的必然选择和重要举措,十九大报告明确提出要"加快一流大学和一流学科建设",对"双一流"建设提出了新要求、新期望。进入新时代,"双一流"建设要以习近平新时代中国特色社会主义思想为指导,把握新机遇,瞄准发展方向,科学选择建设路径,解决新问题,作出新贡献。

一、明确发展方向,服务国家发展战略

十九大报告提出在全面建成小康社会的基础上,分两步走,在

本世纪中叶建成富强民主文明和谐美丽的社会主义现代化强国。报告强调指出"我国发展仍处于重要战略机遇期",进一步明确了"五位一体"总体布局、"四个全面"战略布局,并提出一系列重大战略举措。我们期望,"双一流"建设不仅能加速我国若干所大学、一批学科步入或者接近世界一流大学和一流学科行列的步伐,同时也能为服务建设社会主义现代化强国的国家战略找准方向,作出更大贡献。

从国际比较看,增强本国高等教育的竞争实力,提高大学的国际地位,是各国从国家利益出发作出的带有普遍性的战略选择。哈佛大学原校长陆登庭(Neil L. Rudenstine)指出:建设世界一流大学要有高水平的原创性研究、高水平的教师,培养高水平的人才,以及充足的办学经费等,这是其共性的一面。同时,每个一流大学也都有自己的特色。建设一流大学是为了适应本国社会和经济发展的需要,而且现在世界公认的一流大学都为各自国家的发展作出了重要贡献。实际上,正是这些社会需求,促使这些大学成为世界一流大学。进入新时代,我国虽然在政治、经济、文化、教育、军事、外交等各方面都已取得突出成绩,但仍面临许多突出问题和挑战。这些问题和挑战为"双一流"建设创造了历史新机遇。"双一流"建设既要瞄准世界前沿的学科,争取有所突破,又要从国家建设、社会发展的需要出发,努力作出应有的贡献,为加快建设创新型国家多出成果,多出人才,而不是单纯追求排名指标,追求在《自然》《科学》上发表多少文章。要加强基础研究、应用研究和技术开发,拓展实施国家重大科技项目,既加强对能源、环境、水资源等传统学科的研究,又突出关键共性技术、前沿引领技术、现代工程技术、颠覆性技术创新,在新材料、生命科学、大数据、人工智能、量子通信等领域取得丰硕成果。

二、发挥引领作用，提升高等教育整体水平

十九大报告指出，中国特色社会主义进入新时代，我国社会主要矛盾已经转化为人民日益增长的美好生活需要和不平衡不充分的发展之间的矛盾。在高等教育领域，主要表现为人民群众对优质高等教育资源的迫切需求与供给相对不足之间的矛盾。由于我国地域广阔，东中西部地理条件迥异，存在明显的经济发展水平的梯度，农业经济、工业经济和知识经济等多种形态并存，不同学校在教育投入、办学条件等方面也存在巨大差异，因此高等教育不可避免地存在区域发展不平衡、校际发展不平衡、结构发展不平衡等突出问题。同时，由于近年来高等教育大众化的快速发展，高等学校也在一定程度上存在内涵发展不充分、教育质量下滑、支撑国家战略发展能力偏弱等问题。

解决这些问题，必须提升我国高等教育的整体实力。对此，"双一流"建设可以发挥重要的示范引领作用。不同于"211工程""985工程"，"双一流"建设的重要特点是，"建立健全绩效评价机制"，"动态调整支持力度"，打破"终身制"，避免贴标签、身份固化。被遴选认定为"建设"高校或"建设"学科，并非已经是世界一流大学和一流学科，要通过对高校的第三方评价鞭策其建设和发展，做到有进有出。通过建立科学的动态调整机制，"双一流"建设有助于形成示范带动效应，引领高等教育从一流的大学建设转向一流的体系建设。2017年9月21日，教育部等三部委联合公布

世界一流大学和一流学科建设高校及建设学科名单，既充分考虑"211 工程""985 工程"等重点建设基础，又考虑促进高等教育区域协调发展，服务国家重大战略布局，期望通过"双一流"建设，引领和带动地方高水平大学建设，整体提升中国高等教育质量，做强整个高等教育。如"双一流"大学名单中新增郑州大学、云南大学、新疆大学等三所大学，以扶持中部大省河南、西南边陲云南以及丝路明珠新疆的高等教育事业发展。

三、提高国际影响力，推进世界文明进步

在过去几年，我国通过倡议共建"一带一路"、发起创办亚投行、倡导构建人类命运共同体等，国际影响力、感召力、塑造力进一步提高，为世界和平与发展作出了重大贡献。十九大报告站在促进人类文明进步和世界和平发展的高度，进一步呼吁"各国人民同心协力，构建人类命运共同体，建设持久和平、普遍安全、共同繁荣、开放包容、清洁美丽的世界"。我国的"双一流"建设应积极关注和参与影响人类社会发展的重大科技课题及社会问题的研究与实践，进行高水平的科学研究，培养素质一流、具有全球视野的学生，为推进世界文明进步、推进世界经济和社会发展作出新的贡献。

世界一流大学享有一流的国际声誉、学术声望，从事国际最前沿的科学研究，拥有一批国际一流的研究室，取得了一批标志性科研成果，能为世界经济和社会发展作出卓越的贡献。如英国剑桥大学的卡文迪许实验室在 20 世纪始终处于世界物理学研究的最前沿，

成为现代物理学的发源地之一，为剑桥大学赢得了世界声誉。世界一流大学也具有广泛的国际联系，不仅是国际科技、教育、文化交流的中心，也是国际化人才的培养基地。在世界一流大学攻读学位的学生中海外留学生的比例较高，其中研究生中留学生的比例一般在20%以上。

近年来，我国高等教育开放水平不断提升，多层次宽领域的教育合作与交流取得新进展，来华留学规模不断扩大，办成了一批示范性中外合作学校和研究机构，我国的高水平教育机构海外办学也迈出实质性步伐，孔子学院综合文化传播功能得到进一步拓展。在我国高等教育的国际地位和影响力显著增强的基础上，"双一流"建设应以更加开放的心胸和视野，建立全球性的发展坐标，不断扩大国际交流与合作，提高中国高等教育的国际影响力，为推动人类文明进步作出新的更大贡献。

（原文发表于《中国科学报》2017年12月19日第7版）

扎根中国建设"双一流"的责任和路径

马陆亭

[党的十九大报告明确提出"加快一流大学和一流学科建设，实现高等教育内涵式发展"。为深入学习贯彻党的十九大精神，探讨新时代中国特色社会主义背景下如何更好地推进中国特色"双一流"建设，中国教育学会和北京师范大学于 2017 年 11 月 26 日在北京师范大学联合主办了"中国特色视角下'双一流'建设高端研讨会"。钟秉林会长参加了研讨会。本文为根据笔者在研讨会上的发言录音整理而成的摘要稿。]

第一，"双一流"是一种国家理想主义，是要为中国、为中国梦、为"两个一百年"、为中华民族伟大复兴提供支撑的。在重点建设时期，集中力量办大事是最经济的道路，是立足国内的路径选择。到"985 工程"时期，我们开始迎接未来国际挑战，面向世界精心布局，一流大学初见端倪。到了"双一流"时期，我们为民族

212

复兴而奋斗，为教育强国而努力，我们的高等教育发展水平将会达到历史新高度。我们要站在这个高度看待"双一流"建设。

第二，可以思考将"双一流"建设经费纳入基本支出。"双一流"的影响将波及 2049 年前后。项目支出重要，基本支出更重要。把"双一流"建设经费纳入基本支出，可通过"拨款加系数"的方法实现：一是确定目标系数，二是核定学科系数。基于系数的基本支出办法将留给高校更大的自由。

第三，"双一流"建设存在不同的模式和路径。一流大学存在不同的办学组织模式。在一流大学的发展过程中，模式和路径很多，有学科驱动的，有整体发展驱动的，有创新驱动的，还有创业驱动的。不同的模式和路径为我们扎根中国大地办一流大学提供了依据。中国的大学，如北京大学，不是要建成哈佛大学，而是要建成中国的北京大学。总之，只有扎根中国才能办好教育。

第四，服务社会是未来建设一流大学的必经之路。大学的社会服务功能促进了美国高等教育大发展。一流大学不是写论文写出来的，而是在适应社会发展需要、解决实际和现实问题中发展起来的。每所大学都要为国家服务，都要紧密联系社会实践。我国的高水平大学必须有为实现中华民族伟大复兴提供支撑的理想和责任担当。

第五，学科发展的路径问题。学科生态非常重要，学科群的发展尤为重要。学科发展有三种导向：一是现实导向，哪个学科强就支持哪个，这是扶强原则；二是问题导向，解决社会发展前沿问题，按问题导向组建跨学科中心；三是未来导向，要发挥想象力，想象不出来时，就去找不同学科的教授去想，也许能创建出"异想天开"的事情。

（原文发表于《中国高教研究》2018 年第 1 期）

地方高校是"双一流"
建设重要参与者

高书国

世界一流大学和一流学科是国家教育核心竞争力的集中体现。"双一流"建设是中国建设高等教育强国的战略选择。党的十九大报告提出"加快一流大学和一流学科建设,实现高等教育内涵式发展",从新时代中国特色社会主义发展的战略高度,进一步明确了高等教育发展方向。2015 年 8 月,习近平总书记主持召开中央全面深化改革领导小组第十五次会议,审议通过《统筹推进世界一流大学和一流学科建设总体方案》,确定每五年一个建设周期,2016 年开始新一轮建设。新一轮"双一流"建设为中国高等学校特别是地方高校带来前所未有的发展机遇。为此,提出四点建议。

一、地方高校是"双一流"建设的重要参与者，不是场外"啦啦队"

美国和英国高等学校的管理权在州或郡，美国、英国高校是典型的"地方院校"，这一属性并没有影响和妨碍其成为世界一流大学。中国高等教育有 120 多年的发展历史，许多地方高校已经是"百年老校"，新生的许多地方院校也具有明显的学科优势。地方高等院校具有"双一流"建设的学科优势，不能妄自菲薄。地方高等院校的优势是与地方经济社会发展结合紧密，对于地方文化包括许多世界文化遗产研究成果丰厚，不乏优秀的学术大师和研究智库，在区域经济、区域产业、区域文明、区域历史甚至区域外交（如东南亚、西北亚）等方面发挥着重要作用。地方高等院校是"双一流"建设的重要参与力量，将为中国世界一流大学和一流学科建设增光添彩。

二、"双一流"建设是地方高校发展的长远大计，不是一时之策

"双一流"建设是中国高等教育包括地方高等院校改革和发展的长远大计。针对重点大学建设过程中身份固化、缺乏竞争和重复交叉的问题，新一轮"双一流"建设方案坚持问题导向，打破身份壁垒，鼓励公平竞争。地方高校要从国家和地方经济社会未来发展

的高度出发，正确认识和把握"双一流"建设的战略机遇。"双一流"建设不是为了抢"帽子"，而是为了抢先机；不是为了占"位子"，而是为了讲贡献。地方高校"双一流"建设，起点低，起步晚，不可能毕其功于一役。有战略眼光的领导，要在社会各界广泛参与的基础上，按照 2020 年、2035 年和 2050 年三个发展节点，认真、科学地研究制定学校整体发展、人才培养和科学研究三大战略规划及实施方案，并经党代会与教代会研究讨论和通过，使其具有学校"法律"地位，任何人不能随意推翻或另起炉灶。要立足长远，持之以恒，精准施策，方能取得成效，渐入佳境。

三、"双一流"建设要提高国际竞争力和影响力，不能"自娱自乐"

眼界决定胸襟，有什么样的眼界，就有什么样的世界。"双一流"建设要立足高远，具有国际视野，瞄准国际标准，追求国际水平。但是，地方高等院校的国际化水平和教师教育教学及科学研究的国际化能力相对薄弱。古人讲：取法其上，仅得其中；取法其中，仅得其下。大学学者要放弃和改变传统书斋里的自娱自乐式研究，从象牙塔里走出来，善于发现影响未来的世界性课题和前沿科技难题，从选题到团队、从研究到应用都要力求瞄准世界水平。地方院校要努力提高研究队伍和研究成果的国际化水平，一方面要努力抢占知识生产和科技创新的战略制高点，力求取得原创性科学研究成果，着力提高高校对产业转型升级的贡献率，推动重大科学创新、关键技术突破转变为先进生产力；另一方面要善于发现和总结中国经济社会改革发展中的世界性课题，做出体现中国特色、世界水平的高质量研究成果，将中国思想、中国经验、中国模式和中国文化推向世界。

四、"双一流"建设要高度重视培养大师，而不是相互"挖墙脚"

"所谓大学者，非谓有大楼之谓也，有大师之谓也。"有没有大师，是判断一所大学、一个学科是不是"双一流"的重要标准。地方高校要以学科建设规划为核心，对于领军人才、杰出人才、卓越人才三个层次的人才进行长远规划和科学培养。应着眼于国际人才库，引进处于"朝阳期"的学术大师，引进优秀博士毕业生和青年教师作为"潜力股"。地方高校要从国家整体人才发展的视角出发，要搞杰出人才的增量引进，不搞优秀人才的存量平移。既要鼓励人才合理流动，又要严格限制部属高校与地方院校之间、地方院校与地方院校之间的"挖墙脚"行为。

总之，要通过"一流大学"和"一流学科"建设，全方位提升地方高等院校的办学理念、办学行为和办学品质，努力转变地方高校专业设置和人才培养方面宽而杂的"杂货店"和"大排档"形象，努力将地方高等院校办成"精品店"和"专卖店"，办出有世界水平的高品质"百年老店"。

（原文发表于《中国教育报》2018 年 1 月 17 日第 4 版）

继续教育的学习成果认定
与转换须构建国家制度

卢海弘

十八大以来的五年，继续教育事业取得了历史性成就，学历继续教育稳步发展，非学历继续教育蓬勃开展，多层次、多内容、多形式的社区教育活动有序铺开，继续教育体制机制创新取得突破。基于这样的发展基础，办好继续教育不仅成为可能，而且成为新历史起点之上的必然使命。

要办好继续教育，必须从构建科学规范、运行有效的国家制度体系入手，不断优化创新顶层制度设计。加快构建和完善继续教育学习成果认定与转换的国家制度，不是小修小补，而是整体谋划，是从国家层面构建和优化对广大人民群众继续教育的学习成果予以认定和转换的制度安排。

一、现实需求

我国继续教育潜在群体规模巨大，对继续教育学习成果认定与转换存在旺盛需求。当前，不仅人民群众对继续教育的总体需求正在持续增大，对继续教育在类别、内容、方式、时间、空间等方面的需求日益多样化，而且加强继续教育正在成为促进我国经济增长方式转变和产业、经济结构调整的关键因素。相应地，构建和完善继续教育学习成果认定与转换的国家制度，也成为适应个人和社会不断增长的继续教育需求的重要环节与关键领域。

目前，我国在实践中发生的继续教育形式多样，相应的继续教育学习成果也具有多样化特点，主要有正规学习成果、非正规学习成果和无定式学习成果。这些日益丰富多样的继续教育学习成果的积累、认定与转换，迫切需要国家层面的制度出台。

二、制度供给

《国家中长期教育改革和发展规划纲要（2010—2020）年》（以下简称《教育规划纲要》）颁布以来，尤其是十八大以来，随着继续教育进一步向纵深发展，继续教育的制度构建取得积极成果，在某些方面取得突破性进展，部分地区、部门、行业和学校在探索继续教育学习成果认定与转换方面的成果令人瞩目。《教育规划纲要》提出"建立继续教育学分积累与转换制度，实现不同类型学习成果的互认和衔接", "建立学习成果认证体系, 建立学分银行制度等"。《中华人民共和国国民经济和社会发展第十三个五年规划纲要》提出: "建立个人学习账号和学分累计制度, 畅通继续教育、终身学习通道, 制定国家资历框架, 推进非学历教育学习成果、职业技能等级学分转换互认。"

我国自 1981 年开始创立的高等教育自学考试制度是继续教育学习成果认定与转换制度的成功实践, 伴随我国改革开放的伟大历史进程不断发展。该制度以国家考试为主要手段且认可高校课程、权威证书以免考相应课程, 从本质上说是一项以考试为主要路径, 对学习者的正规学习成果、非正规学习成果和无定式学习成果予以认证的成熟而有效的国家制度, 迄今已为众多学习者提供了继续教育学习成果认定和转换的机会。

三、主要矛盾

随着我国继续教育需求日趋旺盛, 继续教育学习成果日益丰富多样, 人民群众渴望有更多、更好的继续教育机会, 希望有更加充分、更加优化的制度供给。

矛盾的是, 我国继续教育学习成果认定与转换制度存在发展不平衡、不充分的问题。在目前继续教育学习成果认定与转换制度框架下, 能够实现认定与转换的继续教育学习成果比较有限, 主要局限于已经取得的学历证书、部分公信力比较高的证书以及部分在单位或培训机构完成的课程等, 学习者大量个性化的、零散的非正规或无定式的继续教育学习成果仍然很难实现认定与转换; 继续教育学习成果认定与转换的制度推行仅局限于局部地区、局部行业、局部领域和局部机构，制度壁垒森严，无法满足人民群众对灵活、开放、多样的继续教育的期待，无法满足"努力形成人人渴望成才、人人努力成才、人人皆可成才、人人尽展其才"的内在要求，也无法满足"坚定实施科教兴国战略、人才强国战略、创新驱动发展战略"以及"建设知识型、技能型、创新型劳动大军"的必然要求。

四、基本思路

扩大继续教育学习成果认定与转换制度的有效供给，须从国家层面做好继续教育学习成果认定与转换的顶层制度设计，推进我国广大学习者继续教育学习成果的积累、认定与转换。

第一，成立国家继续教育学习成果认证委员会，由国务院领导、教育部统筹，会同其他相关部委，协同推进国家层面的继续教育学习成果认证与转换工作以及制度构建；第二，我国目前仅有福建、上海等地通过颁布地方性终身教育促进条例在局部进行探索，亟须在国家层面颁布相应政策，制定专门制度，予以支持；第三，在目前地区、局部、小范围实践探索的基础上，颁布统一、规范、可操作的继续教育成果认定与转换的国家标准体系和指南，为各地区、各行业、各组织参与继续教育学习成果认定与转换提供国家层面的公认参照系。

（原文发表于《中国科学报》2018 年 2 月 6 日第 7 版）

新时代素质教育的新形态

孟久儿

进入新时代，踏上新征程，党的十九大报告明确把建设教育强国作为中华民族伟大复兴的基础工程，把教育事业放在优先发展的位置。要求落实立德树人根本任务，发展素质教育，培养德智体美全面发展的社会主义建设者和接班人。

新时代确立了教育价值选择的新坐标系，素质教育必须以未来为导向，更好地完成立德树人的根本使命。如今，科技飞速发展，新技术层出不穷，面对互联网对教育的冲击、人工智能对教育的挑战，素质教育要以新的形态进行应对，包括教育目标、教学内容、评价标准和办学思路等方面的更新与改变。

一、教育目标以培养学生的思维能力和学习习惯为主

互联网的飞速发展，使知识的可得性高于过去任何一个时代，学习可以出现在任何时间和任何地点。学校教育不能再局限于书本

内容，应着重培养学生的思辨能力，增强学生对互联网传播的知识进行辨别和加工利用的能力。另外，由于互联网的便捷性和未来人工智能的大发展，人类在学习方面很可能出现依赖人工智能的趋势，因此，要从中小学做起，注重激发学生的学习兴趣、科学兴趣和创新意识，加强科学方法的训练，培养学生的学习习惯，使其养成终身学习的意识和能力。

在教学形式上，践行知行合一，将实践教学作为学校教学的关键补充，丰富实践育人有效载体，广泛开展社会调查、生产劳动、志愿服务、公益活动、科技发明和勤工助学等社会实践活动，通过实践教学引导学生认知社会，增强学生的认知能力、合作能力、创新能力和职业能力，以培养适应新时代中国特色社会主义事业的接班人。

二、教学内容以学生的需求为核心

面对未来，中小学教育应顺应时代的要求，不断推进基础教育课程改革与教学改革，既要体现教育对未来社会发展的前瞻性，又要满足学生的学习需求。这就要求在对课程教材进行改革时，加强顶层设计，以发展学生核心素养为基本要求，同时根据社会的变革，着眼于学生在未来应具备的各项能力，修订国家基础教育课程方案和课程标准。

在学习形式上，尽量避免教师主导式的学习，推动合作探究式学习，倡导任务驱动学习，提高学生分析解决问题的能力。教师在未来的角色更像一个"引路人"或者"幕后服务者"，在引导学生培养良好的学习习惯后，再通过整个学校的课程资源整合，因材施教，给不同学生提供不同的课程。针对义务教育后的高中阶段，则可以鼓励普通高中实行"选课制""走班制"，开设多样优质的选修课程，最大程度地满足学生对感兴趣课程的需求。

三、评价标准充分体现以人为本

新时代下，应充分发挥教育评价对科学育人的导向作用，把促进人的全面发展、适应经济社会发展等充分体现以人为本的原则作为评价教育质量的根本标准。全面改进各级各类教育评价体系，注重考查学生适应社会发展和终身发展的能力，防止单纯以升学率考核学校和教师，单纯以分数评价学生。探索实行利益攸关方共同参与的开放式评价，完善评价结果公开机制。

面向未来，明确各学段学生发展核心素养，实施基于核心素养的教学评价，促进学生全面发展和可持续发展。构建教育质量综合评价指标体系，把学生的品德、学业、身心发展水平和兴趣特长养成等作为评价学校教育质量的主要内容。建立学业负担监测机制以及校外培训监督机制，切实减轻中小学校内校外的课业负担。

四、办学思路纳入社会力量

进入新时代，办学思路中不得不考虑的一点就是社会力量将越来越多地进入教育领域。民间资本进入教育领域形成的民办教育，对传统的由财政支持的公办教育而言既是补充、同盟，又是竞争对手。为了让公办教育和民办教育能够和谐发展、互为补充，就要建立更加透明的教育行业准入标准，强化监测监管，一方面鼓励社会力量和民间资本通过多种方式举办学校和教育机构，提供多样化教育产品和服务，另一方面避免由于市场逐利性可能导致的民办学校教育质量低下的问题。

社会力量进入教育领域的另一种形式是学校的教育消费，即购买多种多样的教育服务。社会力量可以为学校提供信息化课程包、实训实习、教师培训、管理支持、质量监测、就业指导等专业化服务，可以作为政府教育服务的重要补充。

综上，进入新时代，素质教育既不畏惧互联网的冲击，也不恐慌于人工智能的挑战。它将以培养具有思辨能力和学习能力的学生为目标，以满足学生的需求为核心内容，以充分体现以人为本的评价为标准，通过多种教学和学习形式，与社会力量高效合作，培养出具有终身学习意识和能力的学生。

通过全社会的参与，未来会形成各种形态的学习型组织，使一代代的学生找到一条条的起跑线，而不是仅仅把学校当成起跑线，最终使人人能学习，人人爱学习，人人通过学习获得工作的机会、生活上的富足和心理上的幸福。

（原文发表于《中国教育报》2018年5月10日第6版）

加强对素质教育的理论
阐释和实践探索

马陆亭

[为深入学习贯彻党的十九大精神，落实立德树人根本任务，发展素质教育，推进教育公平，培养德智体美全面发展的社会主义建设者和接班人，中国高等教育学会、中国高等教育学会大学素质教育研究分会于 2017 年 12 月 26 日在北京理工大学举办了"学习贯彻十九大精神，落实立德树人根本任务，发展素质教育"座谈会。本文为根据笔者在座谈会上的发言录音整理而成的摘要稿。]

一、新时代的教育更加重视人才成长

党的十九大报告指明中国特色社会主义建设进入新时代，开启了新征程。对于过去的发展，不管是国家总体，还是教育自身，我们完成了夯基垒台、立柱架梁的任务，开始进入内部装修阶段。

如果说以前的教育更多是从宏观上在进行体制改革、提升办学条件等方面下功夫，为教育发展打下外部基础，那么新时代教育则应聚焦在培养人的素质上，更注重教育的内涵发展。

二、我们需要系统总结素质教育

素质教育是产生于中国本土的教育思想，我们需要清晰界定素质教育的内涵，分析素质教育和通识教育、专业教育等的联系与区别，探索素质教育和文化素质教育的关系与渊源等。

素质教育，一方面服务于中华民族伟大复兴的中国梦，另一方面服务于人的全面发展。其根本目的就是培养社会主义建设者和接班人、办好人民满意的教育，根本任务是立德树人，这也是贯穿素质教育的主线。同时，发展素质教育也需要办学条件、制度、理念等方面的保障。

三、素质教育需要有效的实施途径

课堂教学、专业实习、科学实验、社会实践、校园文化等都是素质教育的载体。其中，在生活、实践中提升素质非常重要。比如，学生学习识字、语法等掌握的是知识，运用所学的字词进行造句、练习作文反映的是能力，最后写出好文章则需要靠素质。由此可见，素质包括能力和知识，但不仅仅是它们。而要想写出精彩文章则必须有生活的滋养和实践的历练，因此在实践中培养素质十分重要。

（原文发表于《中国高教研究》2018 年第 2 期）

第四部分

深化教育改革、提升教育开放水平、
促进民办教育发展

新时代中国教育改革内在逻辑与政策建议

高书国

从 1978 年到 2018 年，中国改革开放走过了 40 年，经济发展和社会发展取得举世瞩目的伟大成就。党的十九大报告明确指出："坚持全面深化改革。只有社会主义才能救中国，只有改革开放才能发展中国、发展社会主义、发展马克思主义。必须坚持和完善中国特色社会主义制度，不断推进国家治理体系和治理能力现代化，坚决破除一切不合时宜的思想观念和体制机制弊端，突破利益固化的藩篱，吸收人类文明有益成果，构建系统完备、科学规范、运行有效的制度体系，充分发挥我国社会主义制度优越性。"十九大报告将建设教育强国作为实现中华民族伟大复兴的基础工程，标志着中国教育正在进入从教育大国向教育强国转变的新时代。

在中国特色社会主义教育制度体系不断完善，教育总体发展进入世界中上行列的关键时期，中共中央办公厅、国务院办公厅于2017 年正式发布《关于深化教育体制机制改革的意见》，成为指导新时代中国教育改革朝纵深发展、实现教育治理的重要文献。

一、新时代中国教育改革的内在逻辑

十九大开启了中国特色社会主义建设和改革开放的新时代。在全面建成小康社会和中华民族伟大复兴的大背景下，新时代教育改革具有四大逻辑：战略逻辑、发展逻辑、治理逻辑和技术逻辑。

第一，建设教育强国是新时代中国教育改革的战略逻辑。新中国教育发展按其特征可以划分为四个阶段：一是穷国办大教育；二是大国办大教育；三是大国办强教育；四是强国办强教育，即未来的现代化强国举办更强大教育。中国教育经历了从跟随者到并行者的转变，教育总体发展水平已经进入世界中上行列，实现了对发达国家的局部赶超；中国未来还要实现从并行者向领跑者的转变，实现建设教育强国和人力资源强国的目标。十九大报告提出，"建设教育强国是中华民族伟大复兴的基础工程"。从总体上判断，我国教育发展正处于大国办强教育的发展阶段——这是中国教育实现从大到强、建设教育强国的新时代，这是中国教育服务于更高层次开放型经济的新时代，这是中国人民享受世界水平现代化教育的新时代，这是中国教育逐步走向世界舞台中央的新时代。

第二，供给侧结构性改革是新时代中国教育改革的发展逻辑。2035 年左右，中国将成为世界最大的经济体，中等收入群体持续增加，人民群众对于高水平高质量教育的需求日益增长。党的十九大报告明确指出："以供给侧结构性改革为主线，推动经济发展质量变革、效率变革、动力变革。"中国经济转型发展需要教育转型发展。《国家教育事业发展"十三五"规划》明确指出："必须把教育的结构性改革作为主线，主动适应经济社会发展和人民群众的需求。统筹利用好、布局好各类教育资源，突出保基本、补短板、促公平，公共教育资源配置向薄弱地区、薄弱学校、薄弱环节和困难人群倾斜，推动区域、城乡协调发展，着力提高基本公共教育服务的覆盖面和质量水平。"教育供给侧改革的重要方面，是提高教育质量、推进教育内涵发展的重要路径。从"有学上"到"上好学"，从规模增长到质量提升，从外延扩张到内涵发展，这是以需求为导向的中国教育改革的内在要求。

第三，构建完善的制度体系是新时代教育改革的治理逻辑。完善的制度体系是现代化的重要标志，也是建设教育强国的重要支持和保障。《中共中央关于全面深化改革若干重大问题的决定》指出："全面深化改革的总目标是完善和发展中国特色社会主义制度，推进国家治理体系和治理能力现代化。"加快推进教育治理体系和治理能力现代化，是新时代教育改革的核心任务，也是实现教育现代化的关键。未来一个时期，我国要建立更加完善的教育法律法规体系，形成比较完整的中国特色的教育法律体系；健全完善具有世界水平的教育质量评估指标体系和覆盖全国各级各类教育的质量监测评估体系；完善学校内部质量控制机制，推动学校不断改进教学过程；建立教育教学监测反馈机制，实现常态化的人才培养质量跟踪监测；完善标准化、制度化、法治化的教育投入保障机制，构建促进教育强国建设的教育资源配置机制；高度重视治理能力建设，建立多元参与、共建共享的协同治理新机制。

第四，以互联网大数据为依托是新时代中国教育改革的技术逻辑。科学技术在教育领域的普及和运用极大地促进了教育公平，提高了人类受教育水平。实施国家大数据战略，加快建设数字中国，成为中国未来发展的重要趋势。信息技术对未来教育发展将带来系统性机遇和系统性挑战。在互联网和大数据背景下，学习者可以自由地选择自己的学习方向。在教育教学改革过程中，选课走班逐步推广开来，适应学生个体需要的个性化学习成为重要形态。同时，我们要高度警惕优质教育资源的集中化，增加学习资源的选择性、多样化和普惠性。现代科学技术要素更加便捷而迅速地融入教育、学校、课堂，在扩大优质教育的同时，也可能会进一步拉大国家、区域、学校和人群之间的教育发展差距。为保障社会公平和正义，必须从整体上缩小教育发展区域差距、校际差距和人际差距，推进城乡义务教育一体化发展，实现农村学校科学发展，使绝大多数城乡新增劳动力接受高中阶段教育，更多接受高等教育，促进人的全面发展和个性发展。

简而言之，根据新时代中国教育改革的内在逻辑，我们可以得出以下重要结论：教育改革正处于转变的重要节点上，即从扩大资源、聚集能量、追求教育规模的增长，转变为扩大影响、释放能量、实现教育高质量发展。（1）宏观改革依然重要，但更为重要的是加强教育微观系统改革，微观系统改革有利于激发学校的办学活力，促进和拉动整体改革。（2）在互联网、大数据和虚拟现实技术的催动下，新型学校文化、课堂文化、教师文化和学习文化将逐步生成。（3）教育改革进入深水区，更加需要坚定改革决心，凝练和提升中国教育改革学，真正实现中国教育改革的道路自信、理论自信、制度自信和文化自信。

二、中国教育改革深水区分析

中共中央办公厅、国务院办公厅《关于深化教育体制机制改革的意见》明确指出深化教育体制机制改革的主要目标是：到 2020 年，教育基础性制度体系基本建立，形成充满活力、富有效率、更加开放、有利于科学发展的教育体制机制，人民群众关心的教育热点难点问题进一步缓解，政府依法宏观管理、学校依法自主办学、社会有序参与、各方合力推进的格局更加完善，为发展具有中国特色、世界水平的现代教育提供制度支撑。习近平强调，改革在中国只有进行时，没有完成时。当前，中国改革已进入深水区，牵一发而动全身，要敢于啃硬骨头。我们的改革是全面改革，包括经济、政治、文化、社会、生态文明领域，还包括中国共产党自身建设制度改革。我们已经作出了顶层设计，提出了时间表和路线图，正在逐项落实。教育改革和其他各项改革一样，已经进入深水区，那么其"深"的内涵和标志是什么？

第一，"深"在思想观念。改革从冲破传统观念开始，通过改革人们树立了改革开放、社会主义市场经济、教育现代化、教育国际化等方面的新思想和新理念。改革只有进行时，没有完成时。没有一成不变的正确思想和正确理论，解放思想、与时俱进永远是一个新课题和新境界。一时正确的认识，不一定永远正确；一时做得对的事情，不一定应该永远做下去。不存在一成不变而又放之四海皆准的改革模式。随着改革的深入，人们所谓的正确认识有可能会固化甚至僵化，以至于不能适应教育改革发展的新挑战和新需求。

只有持续不断地深化和完善人类的认识，才能客观、科学和准确地把握改革开放的现实与未来。

第二，"深"在体制机制。体制机制的深刻变革是改革的核心内容。如果说，教育改革40年的核心任务是聚集政府、社会和民间资源将中国教育做大的话，那么未来十几年，即到2035年，中国教育改革发展的重点将是实现从教育大国向教育强国、从人力资源大国向人力资源强国的战略转变。伴随着改革的深化，容易解决的问题都解决了，留下的是最难啃的硬骨头，特别是财政管理体制问题、教师编制问题和教师工资问题都是制约教育改革深化的核心问题。政府有关部门需要动一下"自己的奶酪"，有的部门甚至需要革一下"自己的命"，才能持续推进教育整体改革，才能全面开启新时代中国教育现代化新征程。

第三，"深"在课堂教学。随着教育改革从宏观向中观延伸，从中观向微观深化，以往的整体动员、大规模整体作战、追求统一高效的改革模式和推进思路，已经不能完全适应微观的课堂教学改革。微观领域的改革参与主体更多，形态多样，更加复杂，其特点及规律也更难以认识和把握。如果说政府是宏观管理体制、办学体制、投资体制改革的主体，那么学校就是内部管理体制改革的主体，教师就是课堂教学改革的主体，学生就是学习方式改革的主体。教育需要进入以质量为基准的时代，但是我们仍然缺少有效的教育质量标准。教育质量和课堂质量参与者——教师和学生在学习过程中的主体地位还没有得到牢固确立。提高教育质量，不仅需要激发教师教书育人的内在动力，更需要激发学生主动学习的内在动力。

第四，"深"在资源配置。传统的教育资源配置方式是适应教育公平和规模发展的方式，需要转变为适应提高教育质量和学习质量的方式。规模发展需要投入，提升教育质量更需要投入。实现教育资源配置方式转变是建设教育强国必须跨越的"门槛"。建设人力资源强国，需要转变教育资源配置方式，需要从"低投入—高产出—高效益—低质量"向"高投入—高产出—高效益—高质量"方向转变。坦诚地说，我们还没有找出一种适应从规模增长到质量提升的战略资源、政策资源、人力资源和财政资源配置方式。

就新时代中国教育主要矛盾来分析，教育改革存在的不平衡不充分问题同样突出。一是改革不平衡，即教育宏观改革与微观改革不平衡，区域之间教育改革不平衡，各层面之间教育改革不平衡。二是改革不充分：宏观改革政策与微观改革需求之间存在错位；教育系统改革期盼与教育外部系统改革之间存在错位；教育管理体制、办学体制、投资体制改革仍有很大空间；课程改革、教育改革、评价改革和考试改革还需要进一步深化。三是改革能力不足：重宏观设计，轻微观执行；重一般号召，轻重点推进；重项目推进，轻结果评估。在改革推进方面，习惯于在办公室里起草文件，主席台上念文件，而不是深入学校学习、调研和指导。到了学校说官话、大话、外行话，做虚事、表演、外行事。四是改革理论建设薄弱。教育改革40年，理论建设相当不足。会实践探索，不会总结规律和提升理论，直接影响了改革的预见性、自觉性和坚定性。必须用别人听得懂的语言、愿意接受的方式讲好中国教育故事。

三、教育改革应该实现"四个回归"

政府是教育改革的设计者和组织者，要切实落实政府在教育改革中的管理地位和主体责任，加强对教育改革的引导，做好教育改革规划设计，制定好改革文件，切实抓好政策到位、措施落地。同时，政府要把该管的事项切实管住管好，把该放的权力坚决放下去，构建政府、学校、社会之间的新型关系。在教育的主要矛盾从规模增长转到质量提升的大背景下，教育改革的主体责任需要从宏观领域下沉到微观领域，实现教育改革回归学校、回归课堂、回归教师、回归学生。

第一，教育改革回归学校。学校是办学的责任主体，更是教育改革特别是育人模式改革的主要力量。在科层体制之下，学校在自身发展中的主体地位缺少应有的重视。要研究制定"学校法"，进一步明确学校的法人地位，明确学校在自身发展和改革中的主体地位。依法落实学校办学自主权。深化放管服改革，校长有权制定发展规划，统筹学校资源，协同推进学校管理、教师发展、课程建设和教学改革，探索社会参与学校管理的体制机制。改革传统的学校发展和建设模式，积极探索未来学校建设的理论、思路、模式与路径。学校要率先成为学习型组织，为社会构建一种新型的学习型文化，促进人的可持续发展和人力资源的可持续开发。

第二，教育改革回归课堂。课堂改革是一场根本性的变革。一切教育改革措施必须落实到课堂中，才能对教育培养模式、教育质量和学生发展发挥直接作用。要努力构建面向 21 世纪学习需求的教室，使其成为一个充满学习力和创造力的学习空间。未来的课堂可以让学生参与构建，每个教室各具特色，更加开放，更有温度，更富文化气息，更富个性和生命活力，能够为学生发展提供更多的个性化支持。互联网、大数据等新技术不断加速创新，直接影响教学方式和学习方式。将现代技术自然融于校园、课堂和生活，为学生创造沉浸体验方式和即时反馈机制。

第三，教育改革回归教师。教师是课堂的责任主体，更是一个国家或地区教育质量的核心要素。没有一流的教师，不可能有一流的教育质量；没有教师主体的积极参与，不可能有成功的教育教学改革。《国家教育事业发展"十三五"规划》强调："改革创新是发展的根本动力。要不断深化教育综合改革，将顶层设计和实践探索有机结合，充分调动基层特别是广大学校、师生的积极性、主动性和创造性，创新体制机制和人才培养模式。"尊重教师在教育改革中的首创精神，倡导大师授课，开设名师学堂，鼓励教师积极参与教育教学改革，探索科学育人和人才成长规律。

第四，教育改革回归学习者。学习者是一个宽泛的概念，包括在正规、非正规和非正式领域学习的所有学习者。学习者是教育改革的服务对象、最大受益者，更是学习的责任主体。离开了学习者主体作用的发挥，根本谈不上教育质量和学习质量。教育的目的不仅仅是让学生学习知识，更是让学生学习一种思维方式。学习是一种极为个性化的行为，学生是学习的主人，教师是学习的组织者、合作者和引导者。要让学生回归课堂主人地位，把学习的选择权、决定权还给学生。让学生具有健康的体魄、完整的人格和健全的头脑，学会思辨、学会表达、学会学习、学会创造，促进学生的高级思维、合作意识以及应用信息和持续创新的能力。学校和各类教育机构要为学习者提供优质的学习资源，真正实现时时学习、处处学习和人人学习，建设学习大国，建成学习型社会。

总之，政府是教育改革的设计者和管理者，校长是教育改革的组织者，教师是教育改革的参与者，学生是教育改革的利益相关者，必须构建多主体参与的教育改革新机制，依法、科学、有序、有效地推进教育改革。

四、新时代中国教育改革战略建议

中国已经进入社会主义新时代，教育改革发展也要进入新时代。新时代社会主义教育的总任务是实现教育现代化，建设教育强国。2012年11月15日，习近平总书记和新一届中央领导集体在与中外记者见面时指出：我们的人民热爱生活，期盼有更好的教育、更稳定的工作、更满意的收入、更可靠的社会保障、更高水平的医疗卫生服务、更舒适的居住条件、更优美的环境，期盼着孩子们能成长得更好、工作得更好、生活得更好。人民对美好生活的向往，就是我们的奋斗目标。教育改革要紧紧围绕人民日益增长的美好生活需要和不平衡不充分的发展之间的矛盾，加以战略设计、科学组织和精心实施。2016年4月18日，习近平总书记在中央全面深化改革领导小组第二十三次会议上明确指出：把以人民为中心的发展思想体现在经济社会发展各个环节，做到老百姓关心什么、期盼什么，改革就要抓住什么、推进什么，通过改革给人民群众带来更多获得感。

第一，逐步实现中国教育改革战略重点转移。新时代改革要紧扣时代主题，为建设教育强国，发展中国特色、世界水平的现代化教育服务。教育改革的重点将从管理体制、办学体制和投资体制改革，逐步转向教育教学改革、人才培养模式改革、课程教材改革和教育质量提升。必须结合新时代社会主义教育的新趋势、新使命和新任务，制定中国教育改革总目标、总任务、总体布局、战略规划和未来方向。

第二，政府要为教育改革提供"大服务"。伴随着教育改革重点的变化，教育改革的模式必须发生根本性变化。政府将由教育改革的设计者、组织者和指挥者，转变为教育改革的指导者、合作者和服务者。政府要为以教育质量为导向的改革做好"大服务"，做好整体战略规划，提供政策支撑、资金支持，支持学校教育改革，为教育教学改革创设宽松良好的社会氛围。

第三，转变教育资源特别是经费配置方式。从长期来看，要改变传统的教育资源配置方式，构建与教育强国相适应的投资体制；改变以规模增长为主的传统教育投资方式，建立以人的发展为主的教育投资方式。未来教育经费要更多地投向学校、教师、课堂和学生，要研制更加科学和便于操作的教育质量标准，建立基于教育质量标准的教育经费拨款方式。

第四，学校要走向教育教学改革的舞台中央。要确立学校教育教学改革的主体地位，学校是教育教学改革的主阵地，校长是教育教学改革最重要的领导者、组织者和参与者。鼓励学校运用现代技术，创新教学模式，探索提高质量的途径与方法。高度重视薄弱学校教学设备配置和边远地区教育质量保障条件的投入。

第五，建立以学习者为中心的教育教学模式。建立全社会开放的学习系统，实现从封闭学习向开放学习的战略转变。以学习者为中心的核心是要以学习者为对象优化配置教育资源，建立从幼儿园、小学、初中、高中到大学的"教育经费国家指导标准"。提供更加优质的学习资源，给予学习者特别是学生更多自由选择权，让个性化学习成为个性成长的重要环节和手段。

第六，建立以教育质量为导向的督导评估机制。教育质量是评判教育改革是否成功的核心要素。要完善教育督导体制，拓展督导内容与督导方式。教育督导机构要主动适应教育发展方式从规模增长向质量提升转变的大趋势，实现从督政为主向督学为主转变，将教育教学质量监测与评估作为督导的核心内容。依托现代信息技术和大数据，实现教育教学质量评估科学化、常态化、个性化和精准化。

第七，投资于教师就是投资于教育质量。要进一步提高教师准入标准，提高教师队伍整体素质。加强教师队伍培训，使教师率先成为终身学习者。进一步改革教师有效激励机制，建立能进能出的退出机制。提高教师工资总额占教育经费的比例，进一步提高教师待遇，实现不低于或高于当地公务员收入的目标。建议教育行政部门在全国选择5—10个县进行教师工资制度改革试点。

第八，改革需要思想沉淀和理论创新。改革是手段，不是目的。改革需要持续创新，也需要文化积淀和理论提升，要发掘教育改革实践规律，总结改革经验，形成改革理论。制定中国教育质量标准，为世界教育质量提供范本。建立多样化的教育质量标准，教育发展要以供给侧结构性改革为契机，全面改革人才培养模式和培养方式，培养千百万创新型、复合型技术技能人才，以高端人力资源开发为重点，为产业结构调整和经济发展培育新动能。

（原文发表于《国家教育行政学院学报》2018 年第 1 期）

以"一带一路"建设引领教育对外开放新格局

许海霞

党的十九大报告提出"推动形成全面开放新格局",指出"中国开放的大门不会关闭,只会越开越大。要以'一带一路'建设为重点,坚持引进来和走出去并重,遵循共商共建共享原则,加强创新能力开放合作,形成陆海内外联动、东西双向互济的开放格局"。这一论断既是对我国教育对外开放政策和实践成果的积极肯定,也明确了未来我国教育对外开放战略的抓手,标志着"一带一路"建设将在新的历史起点上继续发挥教育对外开放的引领作用。

一、我国在扩大对外开放领域取得重大政策成果

2016 年,中共中央办公厅、国务院办公厅印发了《关于做好新时期教育对外开放工作的若干意见》(以下简称《意见》),要

求统筹国内国际两个大局、发展安全两件大事，坚持扩大开放，做强中国教育，推进人文交流，不断提升我国教育质量、国家软实力和国际影响力，为实现'两个一百年'奋斗目标和中华民族伟大复兴的中国梦提供有力支撑。到 2020 年，我国出国留学服务体系基本健全，来华留学质量显著提高，涉外办学效益明显提升，双边多边教育合作广度和深度有效拓展，参与教育领域国际规则制定能力大幅提升，教育对外开放规范化、法治化水平显著提高，更好满足人民群众多样化、高质量教育需求，更好服务经济社会发展全局。《意见》对做好新时期教育对外开放工作进行了重点部署。一是加快留学事业发展，提高留学教育质量。二是完善体制机制，提升涉外办学水平。三是加强高端引领，提升我国教育实力和创新能力。四是丰富中外人文交流，促进民心相通。五是促进教育领域合作共赢。六是实施"一带一路"教育行动，促进沿线国家教育合作。

同年，教育部印发配套文件《推进共建"一带一路"教育行动》（以下简称《教育行动》），作为《推动共建丝绸之路经济带和 21 世纪海上丝绸之路的愿景与行动》在教育领域的落实方案，聚力构建"一带一路"教育共同体，"为推动区域教育大开放、大交流、大融合提供大契机"。《教育行动》设计了"教育行动五通"作为基础性举措，开展教育互联互通合作，分别是：加强教育政策沟通、助力教育合作渠道畅通、促进沿线国家语言互通、推进沿线国家民心相通、推动学历学位认证标准连通。《教育行动》设计了"四个推进计划"作为支撑性举措，开展人才培养培训合作，分别是："丝绸之路"留学推进计划，"丝绸之路"合作办学推进计划、"丝绸之路"师资培训推进计划、"丝绸之路"人才联合培养推进计划。《教育行动》设计了"四方面内容"作为引领性举措，共建丝路合作机制，分别是：加强"丝绸之路"人文交流高层磋商、充分发挥国际合作平台作用、实施"丝绸之路"教育援助计划、开展"丝路金驼金帆"表彰工作。同时，《教育行动》还从国内体制机制上保障共建"一带一路"教育行动形成合力。

二、"一带一路"建设是扩大教育对外开放的重大举措

党的十九大报告在总结十八大以来五年的工作和历史性变革时指出，"一带一路"建设成效显著。自 2013 年秋天习近平主席提出"一带一路"倡议以来，"一带一路"建设逐渐从理念转化为行动，从愿景转变为现实，建设成果丰硕，为我国推动教育对外开放打开了新局面。具体表现在以下方面。

教育互联互通合作。一是加强学历学位互认，推动人才畅通流动。截至 2017 年 4 月，教育部已与 46 个国家和地区签订了学历学位互认协议，其中包括 24 个"一带一路"国家。二是促进沿线国家语言互通。十八大以来共派出外语非通用语种人才 3454 人，仅 2016 年就派出 1036 人，涉及 42 个非通用语种、62 个国家，其中 32 个为"一带一路"沿线国家。三是组织开展国别和区域研究，全面加强对沿线国家的全面理解，为推进民心相通提供智力支撑。深入培育和建设 42 个教育部下属国别和区域研究培育基地，逐个对接，精准支持。十八大以来共派出 1207 人，涉及 60 个国家，其中 35 个为"一带一路"沿线国家。

人才培养培训合作。一是加大向沿线国家派出力度。2015 年，我国共派出 2653 人；2016 年派出 3291 人，同比增长 24.05%。二是培育

"留学中国"品牌。十八大以来，"一带一路"沿线国家学生数量增长明显，2016年，沿线64国在华留学生共计207746人，同比增幅达13.6%，高于各国平均增速；"一带一路"沿线国家奖学金生占比达61%，比2012年提高了8.4个百分点。在"一带一路"建设推进过程中，更加注重来华留学高端人才培养，设立卓越奖学金项目，培养发展中国家青年精英和未来领导者。三是稳妥推进境外办学。截至2016年，我国高校已在境外举办了4个机构和98个办学项目，分布在14个国家和地区，大部分分布在"一带一路"沿线地区。

国内体制机制支撑。省部推进"一带一路"教育行动网络基本形成。教育部已与14个省份签约，基本实现了对主要节点省份的全覆盖，基本形成省部推进"一带一路"教育行动网络。各省份立足区位优势和地方特色，有序与沿线国家建立合作机制。宁夏重点加强与阿拉伯国家在教育领域的交流与合作，建立一批中阿人文交流基地；贵州依托"中国—东盟教育交流周"，广泛开展同东盟国家等"一带一路"沿线国家的教育交流与合作；海南重点加强与海上丝路国家及中东欧国家和中亚国家在人文交流、双向合作办学、双向留学等方面的教育合作与交流；新疆与俄罗斯和哈萨克斯坦、吉尔吉斯斯坦、塔吉克斯坦等国家在教育对外开放尤其是汉语国际教育与推广方面，开展合作与交流。

三、以"一带一路"建设为契机，形成教育对外开放新格局

作为对外开放的重要领域，我国教育对外开放也应主动适应国

家战略和对外政策的发展需要，顺应时代要求、人民期许，以《教育行动》为契机，以"一带一路"建设为重要抓手，全面构建教育对外开放新格局。

一是在国家层面构建教育互联互通机制。建立各国教育政策信息交流通报机制，加强教育政策沟通和理解；继续签署双边、多边和次区域教育合作框架协议，实现区域内双边多边学历学位关联互认，实现与世界各国职业资历标准连通，实现各国教师专业发展标准连通，促进世界教育共同体建设；继续优化教育交流与合作环境，保持教育合作渠道畅通，依托中外合作办学和跨境办学，实现优质教育资源共享；加强语言互通，加深国际教育理解，推进沿线国家民心相通。

二是提升人才培养培训质量。继续扩大留学生规模，尤其是学历生规模，通过政府奖学金向高端来华留学人才倾斜，培育和优化"留学中国"品牌；创造性地开展合作办学，为中国教育"走出去"搭建平台；加强科技合作，共建联合实验室（研究中心）、国际技术转移中心、海上合作中心，促进科技人员交流，合作开展重大科技攻关，共同提升科技创新能力；整合现有资源，积极开拓和推进与世界各国在青年就业、创业培训、职业技能开发等领域的务实合作。

（原文发表于《中国科学报》2018年1月23日第7版）

新时代教育对外开放和
中外人文交流的中国担当

涂端午

党的十九大报告明确了到本世纪中叶建成社会主义现代化强国的时间表。当前，我国发展正处于重要战略机遇期、决胜全面小康社会关键期、全面深化改革攻坚期、重大风险防控期等多期叠加阶段，前景光明，挑战严峻。教育对外开放和中外人文交流面临新使命，即将踏上新征程。

一、教育对外开放和中外人文交流事业进入新时代

党的十九大报告指出，过去五年是党和国家事业发生历史性变革的五年，中国特色社会主义进入新时代。过去五年也是全面实施深层次教育改革，取得全方位、开创性教育成就的五年。

我国教育总体发展水平已经进入世界中上行列，成为世界最大

留学生输出国和世界第三、亚洲最大的留学目的地国。我国与 180 多个国家和地区建立了教育合作关系，与 47 个国家和地区签订了学历学位互认协议，与 46 个重要国际组织开展了教育合作与交流。中俄、中美、中欧、中英、中法、中印尼、中南非、中德等八大高级别人文交流机制相继建立，进一步推动了我国教育对外开放。各级各类学校和教育机构与 150 多个国家和地区的数千个教育机构建立了友好关系。在 140 多个国家和地区建立了 516 所孔子学院，2000 多个中小学孔子课堂。67 个国家和地区通过颁布法令政令等方式，将汉语教学纳入国民教育体系。170 多个国家和地区开设汉语课程或汉语专业，全球学习使用汉语的人数（汉语非母语）达到 1 亿。

"一带一路"倡议实施以来，巴基斯坦、哈萨克斯坦、埃及、葡萄牙等 10 多个国家向我国发出境外办学邀请。我国教育质量日益获得国际社会尤其是发展中国家的认可。

在全球教育治理方面，我国牵头制定了《亚太经合组织教育战略》《中国落实联合国 2030 年可持续发展议程国别方案》，推动落实联合国教科文组织《亚太地区承认高等教育资历公约》，承办了国际职业技术教育大会、世界学前教育组织国际学术研讨会、首届国际教育信息化大会等国际高端教育会议，筹组金砖国家大学联盟，成立亚太经合组织高等教育研究中心，在高校设立十个教育援外基地等。近年来，英国引进上海数学教材，邀请上海数学教师赴英开展示范教学，俄罗斯用中国标准、中国专家评估本国大学，这些充分说明，我国教育和人文交流的国际影响力有了历史性的提升，教育全球治理能力有了显著提高。中国教育正以更加自信、更加矫健的步伐走向世界教育舞台中央。

新的历史方位、新的时代背景、新的社会矛盾、新的战略部署对教育对外开放与中外人文交流事业提出了许多新要求。只有深入贯彻党的十九大精神，主动回应人民群众对教育对外开放与中外人文交流事业的新期待，积极对接国家发展战略新部署，担当新使命，才能站在时代的前沿，催生新作为，开辟事业新局面。

二、教育对外开放和中外人文交流的新使命

党的十九大报告指出，建设教育强国是中华民族伟大复兴的基础工程。改革开放是强国之路，教育对外开放和中外人文交流是建设教育强国的必由之路，也是实现中华民族伟大复兴中国梦的重要途径。中国人民的梦想同各国人民的梦想息息相通，实现中国梦离不开和平的国际环境和稳定的国际秩序。

当今世界正处在大发展大变革大调整的关键时期。新一轮科技和产业革命形成势头，全球治理体系和国际秩序变革加速推进。同时，世界面临的不稳定性和不确定性突出，恐怖主义、重大传染性疾病、气候变化等非传统安全威胁持续蔓延。面对此起彼伏的全球挑战，仅凭单个国家的力量难以独善其身，也无法解决世界面临的问题。党的十九大报告指出，"坚持和平发展道路，推动构建人类命运共同体"，把中国人民的利益同各国人民的共同利益高度结合起来。唯有构建人类命运共同体，才能形成合力，促进世界和平安宁和共同发展。人类命运共同体的核心是不同文明兼容并蓄、交流互鉴、和谐共生。它超越了文明冲突论和文明优越论，既是应对人类现实挑战的中国方案，也是中国担当。

教育和人文交流传承过去、造就现在、开创未来，是推动人类文明进步的重要力量，在增强各国人民人类命运共同体意识、凝聚全球治理共识、促成全球协调一致应对共同挑战方面具有不可替代的作用。联合国教科文组织提出："战争起源于人之思想，故务需于人之思想中筑起保卫和平之屏障。"人类思想文化在人文交流中交汇、交融、交锋，在教育中传承、创新，教育和人文交流不仅直接影响着政府和公众对本国与他国关系的看法，而且深刻影响着下一代对国际关系的认知。从这个意义上说，教育和人文交流是推动建设相互尊重、公平正义、合作共赢的新型国际关系的重要力量，是人类命运共同体的塑造者。以教育为主要内容的人文交流，已成为中美等大国关系的地基，成为中国"民间外交"最重要的舞台和推进文明交流互鉴最深厚的力量，与政治互信、经贸合作一同成为中国特色大国外交的三大支柱。通过教育对外开放和中外人文交流积极参与全球教育治理，共商共建共享"持久和平、普遍安全、共同繁荣、开放包容、清洁美丽"的新世界，是一个人口大国、发展中大国和教育大国的应有担当，也是建设世界教育强国的客观要求。

三、在教育强国建设和人类命运共同体构建中不辱使命

教育对外开放和中外人文交流在教育强国与人类命运共同体构建中大有可为，也应当有更大作为。

教育对外开放和中外人文交流要为教育强国建设凝心聚力、立柱架梁。"养大德者方可成大业。"在教育对外开放和中外人文交流

中，要坚持社会主义核心价值观，加强核心价值观、理想信念和中华优秀传统文化教育，牢固树立四个自信，既不妄自菲薄，也不妄自尊大，坚持借鉴与弘扬并重，不忘本来、吸收外来、面向未来，不断增强教育的凝聚力。尤其要凝聚和发挥广大青少年的力量，让更多更优秀的学生进入世界顶尖大学一流学科学习深造，用外国人更容易听得到、听得懂、听得进的话语方式，积极传播中华文化，讲好中国教育故事，阐释好中国教育特色，打造"中国教育名片"。创新是民族进步的灵魂，是一个国家兴旺发达的不竭源泉，也是中国特色、世界水平现代教育的核心要素。要以支撑创新驱动发展战略、服务经济社会为导向，推动一批高水平大学和学科进入世界一流行列或前列，助推教育"四梁八柱"改革不断深化，培养一流人才，产出一流成果，不断增强教育的核心竞争力。

教育对外开放和中外人文交流要为人类命运共同体建设强基固本、铺路架桥。国之交在于民相亲，民相亲在于心相通。人类命运共同体倡导的各国互联互通，关键在民心相通。只有民心相通，才能一通百通。教育对外开放和中外人文交流是民心工程、未来工程，是促进民心相通的"播种机"。在落实推动构建人类命运共同体的基本方略中，教育对外开放和中外人文交流要以"一带一路"倡议为重点，以《推进共建"一带一路"教育行动》为抓手，让教育开放的大门越开越大，人文交流的大路越走越宽。

构建人类命运共同体，民心是根本，人才是基础。跨国别、跨文化的交流，是培养具有国际视野、人文情怀、创新精神人才的重要途径。通过更加密切的互动交流，促进各国学生增进相互了解、树立世界眼光、激发创新灵感、确立为人类和平与发展贡献智慧和力量的远大志向，是教育对外开放和中外人文交流的重要任务。要统筹好国内国际两个大局，通过设立"丝绸之路"中国政府奖学金和建设"一带一路"高校联盟等举措，为沿线各国培养行业领军人才和优秀技能人才，积极服务中国文化、中国企业"走出去"战略，以人才布局和人才培养的主动赢得人才国际竞争的主动。

教育对外开放和中外人文交流要抓住中国人民和世界人民最关心、最直接、最现实的利益问题和兴趣点，用心用情去深耕细作，久久为功，不断释放正能量、暖力量，不断增进不同国家人民之间的了解和友谊，不断夯实构建人类命运共同体的国际社会民意基础，建好"民间友谊之桥""文明共荣之桥"，推动实现"各美其美，美人之美，美美与共，天下大同"。

教育对外开放和中外人文交流战线要增强机不可失、时不我待的紧迫感，以高度的政治责任感和历史使命感拥抱新时代，担当新使命，在贯彻落实《关于做好新时期教育对外开放工作的若干意见》《关于加强和改进中外人文交流工作的若干意见》等重要文件中，针对自身发展不平衡不充分的方面，抓重点，补短板，强弱项，努力开创新时代教育对外开放和中外人文交流事业的新篇章，为全面建成社会主义现代化强国作出新的贡献。

（原文发表于《中国教育报》2018年1月11日第6版）

从跟跑到领跑：
开启新时代教育对外开放新征程

熊建辉

教育对外开放是国家对外开放事业的重要组成部分，肩负着培养优秀人才、促进人文交流、服务现代化建设的重要使命。党的十八大以来，我国教育对外开放事业布局优化、推进有序、成效显著，助力现代化教育事业在中国特色社会主义伟大旗帜的指引下焕发出强大的生命力，为开启新时代教育开放强国建设新征程奠定了重要基础，为中华民族伟大复兴和构建人类命运共同体作出了重要贡献。党的十九大报告为加快教育现代化、建设教育强国明确了总体方向，对教育服务"五位一体"总体布局和"四个全面"战略布局提出了新的更高要求。在开放发展方面，党的十九大报告强调，"中国开放的大门不会关闭，只会越开越大"，提出要"推动形成全面开放新格局"，这为开启我国新时代教育对外开放新征程指明了方向。

一、从理念到行动：顶层设计与落地举措引领转型升级

开放是现代教育的基本特征，扩大教育开放不仅事关人才培养大计、国计民生大局，而且事关世界和平大势。十八大以来，我国教育取得长足进展，形成了世界上规模最大的教育体系，教育总体发展水平已进入世界中上行列，提高教育质量成为新时期教育改革的核心任务。如何以开放促改革促发展，做强中国教育，服务党和国家大局，成为做好新时期教育对外开放工作的新命题。

十八大以来，党和国家高度重视教育对外开放工作。习近平总书记积极引领推动教育开放和中外人文交流事业的发展与深化，在双边多边舞台全方位展示大国风范、大国形象，以中国主张、中国方案推动中外民心相通和全球人文变革，谱写了开放发展和人文交流新的宏伟篇章。中国要发展，必须顺应世界发展潮流，加强同世界各国的教育交流。中国开放的大门不会关上，反而将以更加开放的胸襟、更加包容的心态、更加宽广的视角，大力开展中外文化交流，在学习互鉴中，为推动人类文明进步作出应有贡献。中国教育对外开放，要积极推进人类文明交流互鉴，构建人类命运共同体。教育在全球治理中所展现的可持续功效无可替代，国民教育体系理应加强国际理解教育，推动跨文化交流，增进学生对不同国家、不同文化的认识和理解。

十八大以来，以习近平同志为核心的党中央在国内国际多个重要场合就如何做好教育对外开放，促进人文交流、民心相通和文明互鉴发表了重要论述，作出了重要指示，为开启教育对外开放新征

程提供了方向指引和根本遵循。

2015 年底，中央全面深化改革领导小组第十九次会议审议通过了新中国历史上第一份就教育对外开放工作专门制定的中央文件《关于做好新时期教育对外开放工作的若干意见》（以下简称《意见》），开启了我国教育对外开放提质增效的新时期。《意见》强调教育对外开放是我国改革开放事业的重要组成部分，要服务党和国家工作大局，统筹国内国际两个大局，提升教育对外开放质量和水平；要增强服务中心工作能力，自觉服务"一带一路"建设等重大战略，推动实施创新驱动发展战略、科教兴国战略、人才强国战略；要考虑不同地区教育水平和区域发展需要，有所侧重，因地制宜；要加强党对教育对外开放工作的领导，发挥各级党组织在教育对外开放战略目标、人才培养、干部管理等各项工作中的领导作用。

2016 年 7 月，为贯彻《意见》和《推进共建"一带一路"愿景与行动》，教育部印发了《推进共建"一带一路"教育行动》。这是中国教育近 40 年开放发展以来从跟跑到并跑再到领跑、走向世界教育舞台中心的路线图。在它的引领下，我国各级教育部门、各类院校充分发挥开放主体作用，积极服务共建"一带一路"教育行动，扎实做好"一带一路"国际合作高峰论坛相关活动，继续推进省部共建备忘录签署工作，基本实现有关节点省份签约全覆盖。

教育对外开放的引擎是教育交流。十八大以来，党和国家高度重视中外人文交流，以教育交流为重要支撑的人文交流与政治互信、经贸合作一道，共同构成中国特色大国外交的三大支柱。2017 年 7 月，习近平总书记主持中央全面深化改革领导小组会议，会议审议通过了《关于加强和改进中外人文交流工作的若干意见》，强调将人文交流理念贯彻到对外交往的各个领域，彰显中国特色、中国风格、中国气派，促进中外民心相通和文明互鉴。《意见》的出台，标志着我国中外人文交流事业在经历十余年努力基本完成全球布局之后，进入了内涵发展的新阶段。

随着一系列统筹推动教育改革发展、做好教育对外开放工作的新理念、新思想、新战略的提出，顶层设计不断加强，全方位、多层次、宽领域的教育对外开放格局已经形成，中国教育国际竞争力、影响力显著增强，教育对外开放为更好满足人民群众对多样化高质量教育的需求，为做强中国教育、服务党和国家工作大局作出了巨大贡献。

二、从规模到质量：开放形式更多样，层次水平持续提升

坚持以开放促改革、促发展、促创新，是新时期教育对外开放事业的基本定位，充分体现了我国对外开放战略的根本宗旨。十八大以来，我国教育对外开放在促进改革发展、做强中国教育的过程中，从注重规模到提升质量，从重在输入到扩大输出，教育开放发展的层次和水平持续提升。

出国留学是我国培养优秀人才、服务国家战略、赶超发达国家的重要途径。十八大以来，我国出国留学规模稳步扩大，比五年前增长了 36.26%；逾九成留学人员赴美、英、澳等主要发达国家学习，攻读本科以上学历的占七成；国家公派出国留学规模快速增加，五年总人数接近 11 万人，仅 2016 年派出人数就比五年前增长了 1.2 倍；国家加大对优秀自费留学生的奖励资助力度，在自费留学人员中取得了良好效果。

与此同时，强调"发挥作用"的新留学方针促进我国留学回国人员持续增加，人才加速回流态势已经形成。国家公派出国留学人员回国率超过98%，为现代化建设培养了一大批急需紧缺人才。留学回国人员已经且正在成为我国各条战线不可或缺的生力军。

来华留学在培养知华友华杰出人才、深化人文交流、提升国家软实力、促进文明交流互鉴中发挥的作用越来越大。我国各级政府和高等院校积极实施《留学中国计划》，在世界经济回升乏力、前景不明的条件下，实现了来华学习人数的逆势上扬。2016年，来自205个国家和地区的40多万人在华学习，比2012年增长了35%；学科分布上突破了以汉语为主的格局，相较于2012年，教育学、理学、工学、农学学生数量增幅超过100%。我国成为亚洲最大、全球第三的留学目的国。在努力扩大留学生数量的同时，我国也越来越关注提高留学生教育和服务质量的问题。

中外合作办学是实现"不出国门留学"、培养优秀人才的重要手段，也是借鉴世界经验、引进优质资源的试验田。截至2017年4月，我国共有各类中外合作办学机构和项目2543个，合作覆盖36个国家和地区，本科以上二级机构和项目1212个，涉及理工、农医、人文社科等12个大学科门类200多个专业，已培养毕业生55万人，丰富了我国优质教育资源供给。中外合作办学既满足了人民群众多样化的需求，又发挥辐射作用，为我国课程教学、办学体制机制改革提供了可资观察、研究和借鉴的模板，已从高等教育的有益补充发展成为高等教育新的增长极和建设高教强国的推动力量。

"吸引更多世界一流的专家学者来华从事教学、科研和管理工作"是以开放促教育发展的重要途径。近年来，我国积极实施"千人计划""春晖计划""长江学者奖励计划"等项目，还向近万名留学回国人员提供科研启动经费，让他们在高等院校，特别是中西部院校安心科研、大展宏图。同时，我国还大力推进"海外名师项目"和"学校特色项目"，让更多的世界一流学者走进我国高校，让我国更多的学生能够从这些学者的教学科研活动中受益。目前，全国除了教育部直属高校，还有近 200 所地方和行业高校的近 400 个项目受惠，大大提高了高校教师的国际化水平。2017 年 7 月，《中共教育部党组关于加快直属高校高层次人才发展的指导意见》明确要求直属高校今后在加强海外高层次人才引进时，突出"高精尖缺"导向。围绕"一流大学和一流学科"建设，重点引进活跃在国际学术前沿、满足国家重大战略需求的一流科学家、学科领军人物和创新团队、高层次青年人才和急需紧缺青年专门人才。可以预见，一系列加强海外高层次人才引进、充分发挥海外高层次人才作用的政策的出台，必将进一步提升我国高校师资的国际化水平，加快我国建设世界高等教育强国的步伐。

五年来，我们统筹推进世界一流大学和一流学科建设。我国高校在世界多项大学排行中位次整体大幅前移，部分学科已达到或接近世界一流水平。截至 2017 年 4 月，我国已与 46 个国家和地区签署学历学位互认协议，2016 年我国成为国际本科工程学位互认协议《华盛顿协议》的正式成员，标志着我国的工程教育质量得到国际认可。

五年来，我国高水平教育机构境外办学迈出实质性步伐，成为积极探索我国教育"走出去"的有益途径。截至 2017 年 4 月，我国高校已在境外举办了本科以上办学机构和项目 102 个，分布在 14 个国家和地区，开设了中国语言文学、中医药、中医针灸、中国传统武术等一批具有中国特色的专业学科。

五年来，我国大力加强孔子学院建设，着力提高办学质量和水平，孔子学院综合文化传播功能进一步拓展，为推进中国同各国人文交流、促进多元多彩的世界文明发展作出了重要贡献。截至目前，我国已在140多个国家和地区开办了500多所孔子学院和2000多个孔子课堂。各国孔子学院举办了丰富多彩的文化活动，受众超过1300万人；汉语国际推广成绩显著，目前有60多个国家和地区将汉语教学纳入国民教育体系，170多个国家和地区开设汉语课程或汉语专业，全球汉语学习人数（汉语非母语）达1亿。同时，我国非通用语种人才培养明显提速，高校开设非通用语种专业数量现已达到94种，实现所有已建交国家官方语言全覆盖。这不仅将满足我国做好对外开放工作的战略需要，也是我国学习、借鉴、尊重多元文化与文明成果的有力彰显。

在教育对外开放大繁荣大发展的形势下，中国特色新型教育智库对开放发展的人才和智力支撑作用越来越凸显。近年来，我国不失时机地成立教育开放发展的各种专家咨询委员会和行业分支机构，依托高校和科研机构努力构建覆盖所有建交国家的国别与区域研究中心。目前，我国已率先实现"一带一路"国别和区域研究机构全覆盖。这些为我国做好对外开放、推进共建"一带一路"、开展中国特色的大国外交提供了大量高水平的决策咨询服务，也为提高我国新时期教育对外开放理论研究水平提供了有力支持。

三、从跟跑到领跑：构建人类命运共同体的引领作用凸显

在全球治理时代，伴随着中国逐步走向世界舞台中央，我国也

开始积极参与全球教育治理。截至目前，我国与世界上 188 个国家和地区建立了教育合作交流关系，与 46 个重要国际组织开展了教育合作交流，为促进人类文明交流互鉴、积极构建全球教育共同体和人类命运共同体作出了积极贡献。

我国不断拓展人文交流的深度和广度。自 2000 年中国与俄罗斯建立中俄教文卫体合作委员会以来，中外高级别人文交流机制从无到有、从小变大。十八大以来，在原有基础上拓展建立了中法、中印尼、中南非、中德四大高级别人文交流机制，建成八大副总理级人文交流机制，涵盖教育、科技、文化、卫生、体育、广电、媒体、旅游、妇女、青年、档案、地方合作等多个领域，推动我国逐步形成了高层支持、官民并举、多方参与的中外人文交流格局。教育交流在人文交流机制中发挥了日益重要的作用。仅 2016 年，以中美、中俄、中英、中法、中欧、中印尼等为代表的高级别人文交流活动，共签署了 86 项合作协议，取得了 400 余项成果，设置并研讨了一系列中外共同关切的教育议题，带动了双边多边教育交流合作纵深发展。

我国积极深化多边教育合作，提升与国际组织的合作水平，以负责任大国的态度，积极参加联合国教科文组织、世界银行等国际和区域性政府间国际组织的相关教育活动，参与和推动国际组织教育政策、规则和标准的研究制定工作。我国教育人士进入国际组织担任要职，积极参与国际组织重大教育行动，在国际教育规则、标准、评价体系等方面主动发起或设置议题，不断深化与国际组织的合作，推动教育共同体的建设，中国教育的国际影响力显著提升。同时，我国积极承办了世界语言大会、国际教育信息化大会、国际职业技术教育大会等国际高端会议，凸显了中国教育的影响力和竞争力。

我国以多种方式尝试参与其他国际组织的活动，甚至创建新的国际教育和学术组织，不断提升中国教育的国际影响力。例如，设立联合国教科文组织高等教育创新中心、金砖国家大学联盟、亚太经合组织高等教育研究中心等参与全球与区域教育治理的机构或平台；牵头或参与制定了《中国—中东欧国家高校联合会成立宣言》《亚太经合组织教育战略》等一批教育合作交流国际公约，协调世界银行编写了《关于国际教育趋势及经验的政策建议》；积极开展跨境教育质量认证与保障合作，探索建立教育领域的"中国标准"和中国教育的国际质量标准体系；通过与国际组织合作设立教育基金、奖项等，积极推动全球教育发展，提升了中国在教育领域的国际话语权和影响力。

对外教育援助成为我国承担国际责任和义务的重要体现。在原有双边合作援助的基础上，我国先后形成了一批多边教育合作与对外援助的品牌，确立了"以人为中心"的援助理念，突出扶助弱者，立足培养人才，开展一体化援助。获得中国政府资助和高校支持的合作交流项目年年增加，越来越多的发展中国家和"一带一路"沿线国家成为中国对外教育援助的受益国，越来越多的学生和教育工作者成为中国对外教育援助的受益人。

四、以习近平中国特色社会主义思想为引领，开启新时代教育对外开放新征程

教育对外开放是新时代加速做强中国教育、建设现代化强国的

重要途径。党的十八大以来，我国教育对外开放坚持统筹国际国内两个大局，运用国际国内两种资源，主动服务国家战略，在国家开放大局和世界发展坐标中谋划新定位、展现新作为，开创了转型升级、提质增效、内涵发展、迈向领跑的新局面，为开启新时代教育对外开放新征程奠定了重要基础。开启新时代更有质量、更高水平的教育对外开放新征程，要以习近平中国特色社会主义思想为指引，坚持"四个全面"战略布局，全面贯彻党的教育方针，以服务党和国家工作大局为宗旨，坚持"围绕中心、服务大局，以我为主、兼容并蓄，提升水平、内涵发展，平等合作、保障安全"，自觉服务"一带一路"建设，不断优化教育对外开放布局，全面加强双边多边教育交流合作，全面提升留学教育质量，显著提升涉外办学效益，努力打造世界教育中心，大幅提升参与全球教育治理能力，扩大和深化中外人文交流，大力加强开放发展规范化法治化水平，全面提升中国教育国际竞争力和影响力，更好满足人民群众对多样化高质量教育的需求，更好服务经济社会发展全局，为构建以合作共赢为核心的新型国际关系、建设人类命运共同体、实现中华民族伟大复兴中国梦作出重要贡献。

第一，全面开启新时代教育对外开放新征程，要推动形成教育对外开放新格局。对外坚持重点推进、合作共赢，全面加强与发达国家、周边国家、发展中国家、多边组织的教育交流与务实合作，扎实推进共建"一带一路"教育行动，推动构建区域和全球教育共同体。对内坚持因地制宜、特色发展，支持东部地区整体提升教育对外开放水平，率先办出中国特色、世界水平的现代教育，支持中西部地区不断扩大教育对外开放的广度和深度，引导沿边地区利用地缘优势，推进与周边国家的教育合作交流。

第二，全面开启新时代教育对外开放新征程，要全面提升交流合作水平。完善出国留学服务，加快培养国家战略急需高端人才。完善优秀自费留学生奖学金资助政策，健全优秀留学生归国就业创业优惠政策，吸引更多优秀留学人才回国工作、发挥作用。建设全球教育高地，全力打造"留学中国"质量品牌，做好全球毕业校友工作。鼓励更多学校与海外优质院校建立伙伴关系，支持更多中外师生开展双向互惠交流，深入推进友好城市、友好学校教育交流合作。努力吸引国外优秀教师、高水平专家学者来华开展教学、科研工作。面向国家发展战略需求，创新优质国际教育资源提供方式，努力建设一批高水平、示范性中外办学机构和项目，为我国教育改革发展提供经验借鉴。稳妥推进高水平教育机构海外办学，广泛开展国际教育服务贸易，建设教育服务贸易强国。健全教育对外开放政策法规，提升教育对外开放治理水平，健全涉外教育质量保障机制。建立健全教育对外开放专家咨询组织，打造新型国际教育智库，加强教育开放发展战略与实施路径研究。

第三，全面开启新时代教育对外开放新征程，要积极参与全球教育治理。秉持共商共建共享的全球治理观，显著增强参与全球教育治理能力，深度参与国际教育政策、规则、标准、评价体系研究和制定，努力推动和引领全球教育治理变革。密切与联合国教科文组织等国际组织的合作关系，积极参与全球教育重大行动，推动实现《2030年可持续发展议程》和《教育2030行动框架》的目标。结合全球教育热点，主动发起教育议题，不断创新多边教育合作方式，发出中国声音、提供中国经验、贡献中国智慧，引领世界教育发展潮流。拓展多边教育友好合作空间，吸引国际组织及其区域中心、附属机构落户中国。支持创设新的国际组织，建成一批具有全球影响力的国际教育组织和多边教育机构。健全教育对外援助机制，统筹利用政府和社会资源，重点投资于人、援助于人、惠及于人。加大对发展中国家尤其是最不发达国家的支持力度，重点加强能力建设，优化援助方式，提升援助效果。

第四，全面开启新时代教育对外开放新征程，要着力深化中外人文交流。立体推进中外人文交流，促进中外民心相通和文明交流互鉴。继续吸收借鉴人类一切优秀文明成果，积极向世界贡献中国智慧、中国经验和中国方案，积极推动和引领全球人文治理变革。完善中外人文交流全球布局，深化中外高级别人文交流机制建设，协同推进政治互信、经贸合作、人文交流，形成与各层次、各领域对外开放深度融合、相互促进的中外人文交流新格局。拓展人文交流领域，丰富人文交流内容，创新人文交流形式，加快建设人文交流品牌。深化与各国语言文字交流，促进中外语言互通。支持以多种形式开展国际汉语教育教学，办好孔子学院和孔子课堂，形成世界范围内学习汉语、使用汉语的热潮，全面提升汉语和中国文化的软实力与国际竞争力。加强国际理解教育，推动跨文化交流，增进学生对不同国家、不同文化的认识和理解。促进各级各类学校和教育机构人文交流能力建设，发挥广大师生在人文交流中的生力军作用，在交流互鉴中展示当代中国良好形象。

（原文发表于《神州学人》2017 年第 9 期）

分类管理对民办教育
意味着什么

王　建

　　2016 年 11 月 7 日，第十二届全国人民代表大会常务委员会第二十四次会议审议通过了《关于修改〈中华人民共和国民办教育促进法〉的决定》，新修订的《民办教育促进法》于 2017 年 9 月 1 日起正式实施。修订后的《民办教育促进法》规定，民办学校的举办者可以自主选择设立非营利或者营利性民办学校。2017 年 1 月 18 日，国务院发布重要文件《国务院关于鼓励社会力量兴办教育促进民办教育健康发展的若干意见》，教育部等五部门印发《民办学校分类登记实施细则》《营利性民办学校监督管理实施细则》，标志着民办教育分类管理向前推进了重要一步。

　　民办教育作为社会力量兴办教育的主要形式，其改革已进入攻坚期和深水区，法治与政策环境和治理制度正在发生重大变革，核心是实施民办学校分类管理。日前，教育部研究起草了《民办教育促进法实施条例（修订草案）（征求意见稿）》（以下简称"修订草案"），正面向社会公开征求意见，拟提请国务院修订《民办教育促进法实施条例》。如果届时国务院审议通过，则标志着民办教育分类管理改革的国家顶层设计基本完成，构建起上位法律、行政法规、国务院文件、部门配套政策相衔接的相对完整的制度和实施体系。本文认为：以分类管理为标志的民办教育改革，给新时代民办教育的发展和重塑带来了新机遇；对分类管理进行解析，具有启发和借鉴意义。

一、分类管理意味着"支持和规范社会力量办学"

党的十九大报告提出："支持和规范社会力量办学。"相对于十八大报告提出的"鼓励引导社会力量兴办教育"，体现了支持与规范并举。支持意味着比鼓励更大的力度和实质性帮助，将相关扶持和优惠政策落实到位；规范则意味着深入推进民办教育分类管理，依法认定和监管民办学校，解决民办教育领域存在的非营利性学校和营利性学校不分的问题，从而形成和完善分类管理、差异化扶持的政策体系。由此，民办教育将迎来发展和再造的新机遇。

新时代我国教育发展的主要矛盾是人民日益增长的良好教育需要和不平衡不充分的教育发展之间的矛盾。教育需求有两个方面，即过度需求和差异需求。过度需求是指公办学校无法提供充足的入学机会，满足不了全部需求，需要民办教育来填补需求缺口。差异需求是指家庭有着不同于现有公办学校提供的教育的偏好。伴随我国经济由高速增长阶段转向高质量发展阶段和人民物质生活水平的提高，社会教育需求和人民群众的教育期待与支付能力相应提升，而现有教育体系对满足教育需求和消费的多样性准备不足，公办学校提供的教育机会未能实现有效、全面覆盖和优质教育资源短缺的问题同时存在，需要依靠民办学校来满足更高标准、更加多样化和个性化的教育需求。因此，从需求的角度看，民办教育是新时代中国特色社会主义教育事业新的重要增长点。

从教育的供给状况和能力看，随着政府职能转变和教育财政投入增加，公办教育提供普惠性基本公共教育服务的能力将不断提高。但是，在作为非基本公共服务的非义务教育及作为非公共服务的各种继续教育和培训方面，公共财政显然难以全部包办。我国仍处于并将长期处于社会主义初级阶段的基本国情没有变，公共教育财政投入水平的提高需要建立在经济和财力可持续增长的基础上，同时也要明确界定和规范公共财政的分配结构与适用范围。根据完善公共服务体系"坚守底线、突出重点、完善制度、引导预期"的原则，公办教育应当侧重为广大人民群众提供基本的公共教育服务，保障公民平等的受教育权利。相应地，民办教育侧重于满足人民群众日益增长的多样化、差异性、选择性教育需求。对此，民办教育新法新政除禁止义务教育阶段举办或转设营利性学校以外，还强调只要是不属于法律法规禁止进入以及不损害第三方利益、社会公共利益、国家安全的领域，政府不得限制。要求各地重新梳理民办学校准入条件和程序，进一步简政放权，吸引更多的社会资源进入教育领域。鼓励、引导和保障民办学校依法办学、自主管理、提高质量、办出特色，满足多样化教育需求。强调依法健全对民办学校的支持政策，优先扶持办学质量高、特色明显、社会效益显著的民办学校。

二、分类管理意味着以差别化扶持促进民办教育

推进民办学校分类管理是一项重大制度创新，新法新政将民办学校分为营利性和非营利性两类，并采取不同的扶持政策和监管措施，这是突破长期制约我国民办教育发展制度困局和政策瓶颈的根本手段。

一个时期以来，我国民办教育发展面临许多亟待解决的问题，如法人属性问题、产权归属问题、合理回报问题、优惠政策问题、会计制度问题、学校办学自主权问题、教师权益问题、市场监管问题、政府服务问题等。这些问题盘根错节，其症结在于营利和非营利不分，合理回报的规定与非营利组织法律制度不相接，影响了相关扶持政策落地。

根据新修订的《民办教育促进法》和《民法总则》，民办学校可划分为非营利性法人和营利性法人两类，这就从法律层面破解了民办教育发展面临的法人属性、产权归属、扶持政策、平等地位等方面的矛盾和问题，能够为捐资办学的非营利性教育发展扫清道路，为营利性教育发展开辟通道，有利于制定非营利性和营利性民办学校在财政、税收优惠、用地、收费等方面的差别化扶持政策。比如社会力量举办非营利性民办学校，享受更多的财政、税收、土地等方面的优惠政策，在政策上逐渐向公办教育看齐；营利性民办学校则会在管理方面具有更高的自主性，可以充分利用其市场化的优势吸纳人才，筹集资金，创新教育产品，实现多样化发展。

从鼓励和支持的角度来看，新修订的《民办教育促进法》鼓励

非营利性和营利性两类民办学校发展。其中明确规定，对所有民办学校，县级以上各级人民政府可以采取购买服务、助学贷款、奖助学金和出租、转让闲置的国有资产等措施予以扶持，同时民办学校可以享受国家规定的税收优惠政策。对非营利性民办学校还可以采取政府补贴、基金奖励、捐资激励等扶持措施。对新建、扩建非营利性民办学校，按照与公办学校同等原则，以划拨等方式给予用地优惠，但教育用地不得用于其他用途。

在普遍扶持的基础上，新法新政对非营利性和营利性两类民办学校在扶持方向上有不同的政策倾斜。突出鼓励举办非营利性学校的导向，如"修订草案"明确了分担教职工社会保障等仅仅适用于非营利性民办学校的政策安排。其中第 51 条提出："县级以上地方人民政府可以按照同级同类公办学校生均经费标准的一定比例，确定对非营利性民办学校的生均经费补贴标准；出租、转让、提供闲置的国有资产应当优先扶持非营利性民办学校。"第 58 条提出："县级以上地方人民政府应当将分担非营利性民办学校教职工社会保障的资金纳入预算，依法采取财政补贴、基金奖励、费用优惠等方式，支持、奖励民办学校为教职工建立职业年金制度，并可以采取政府补贴等方式鼓励、支持民办学校保障教师待遇。"对营利性民办学校则在收费定价、税收政策、薪酬激励、收益分配等方面作出了更加符合市场特点的政策性规定。总之，通过分类管理，将扶持优惠政策进一步落实落细，促进两类学校根据各自不同的定位，办出特色、办出水平，更好满足人民群众日益多样化的选择性教育需求。

三、分类管理意味着以规范管理重塑民办教育

实现民办教育健康发展，必须依法进行规范，规范也是一种促进。民办教育分类管理顺利实施和正常运行的重要前提是健全民办学校内部法人治理结构，加强外部监督监管，包括政府监管、社会监督和行业自律。

新法新政为更好地保障和实现教育的公益属性，对民办学校法人治理和内部运行机制等事宜做出了一系列新规制，包括健全董事会（理事会）议事规则和优化人员构成，规定民办学校的举办者要根据学校章程规定的权限和程序参与学校的办学与管理，健全党组织参与决策制度。其中规定非营利性民办学校决策机构应包括社会公众代表并可设立独立董事，增强决策机构组成人员的多元性、开放性、公共性；完善校长选聘机制，依法保障校长行使管理权，对学校关键管理岗位实行亲属回避制度；建立监事会制度，完善教职工代表大会和学生代表大会制度；落实民办学校的法人财产权，健全财务、会计制度和资产管理制度，完善民办学校年度预算报告、年度财务和决算报告制度。加强以政府监管为主体的外部监督力量，民办学校设立实行前置审批制度，经批准正式设立的民办学校由审批机关发给办学许可证；建立民办学校信息公示和信用档案制度，完善财务会计、内部控制、审计监督、风险防范、失信惩戒等各方面的制度；强化教育督导，扩大社会参与和监督；强化行业自律，促进不同性质和类型的民办学校规范发展。

相较于《营利性民办学校监督管理实施细则》对营利性民办学

校的设立、组织机构、教育教学、财务资产、信息公开、监督与处罚作出的制度安排，分类管理更为重要的是要加强对非营利性民办学校的监督。

非营利机构的价值主要依赖于能否有效地实施那些与不分配约束相关的法律与管制规则，执行效果差往往会导致出现"伪装成非营利机构的营利性组织"。这种组织可能会通过增加工资、以比正常情况高得多的价格购买关联方提供的投入品等许多方式来规避不分配约束，尤其是当一家非营利机构被另一家营利性公司所控制时，滥用行为就更难被察觉。因此，必须建立高效的执行和监管机制，以确保非营利机构遵守不分配约束。新法新政明确规定民办学校只有按照税法规定进行免税资格认定后才能享受法定的优惠待遇，如免征非营利性收入的企业所得税等。"修订草案"进一步通过规范公办学校参与举办民办学校、建立收费账户备案制度、规范关联交易等措施，加强对非营利性民办学校的监管。例如：对公办学校参与举办民办学校作出限制，明确公办学校不得举办或者参与举办营利性民办学校；公办学校参与举办非营利性民办学校的，应当经主管部门批准，并不得利用国家财政性经费，不得使用在职教师，不得影响公办学校教学活动和教育质量（第7条）。非营利性民办学校收取费用、开展活动的资金往来，应当使用在主管部门备案的账户。主管部门会同相关部门对该账户实施监督，组织审计（第42条）。非营利性民办学校与利益关联方发生交易的，应当遵循公开、公平、公允的原则。非营利性民办学校应当建立利益关联方交易的信息披露制度。与该交易有利益关系的决策机构成员应当回避表决（第43条）。

四、民办教育进入制度重建和自身再造关键期

伴随民办教育新法新政的实施，我国民办教育发展进入制度重建和自身再造的关键阶段。2017 年 8 月，国务院民办教育工作部际联席会议制度获批，表明从国家层面已开始推动教育部门与土地、工商、税务等部门联动，推动新法新政落地。

分类管理不仅涉及多方利益，与法律、政策等显性因素相关，而且与思想观念、社会认知等隐性因素相关，特别需要解决好存量民办学校的历史遗留问题；不仅需要中央层面的决策支持和顶层设计，还需要各级地方政府的执行智慧和细致落实。在国家法律法规和统一规定框架下，各省、自治区、直辖市要发挥省级教育统筹权，从实际出发，大胆探索创新，制定出符合区域实情的地方法规、实施意见与具体措施，同时注重以法治思维和法治方式推进改革，尊重办学者的自愿选择，积极引导落实分类管理，并使制度变革模式由政策主导型转向法律主导型，充分考虑和利用法律余留空间与中央授权，避免地方政策创新陷入违法困境。

十九大报告提出坚持全面依法治国、深化依法治国实践的新要求。当前和今后一个时期，各级各类民办学校务必按照新法新政要求，顺应大势、着眼长远，理性作出学校法人类型的选择，从而确保所办学校能够在不同办学道路上各自定位、各得其所、各美其美，在新的历史起点上实现健康可持续发展，再创民办教育发展新辉煌。

（原文发表于《光明日报》2018 年 5 月 8 日第 13 版）

社会力量办教育：
支持什么，规范什么

鞠光宇

　　党的十九大报告提出，支持和规范社会力量兴办教育。这是中国特色社会主义新时代发展民办教育的明确要求，对于激励社会力量兴办教育、促进民办教育有序健康发展，具有非常重要的意义。

　　近年来，我国民办教育迅速发展，已成为我国教育事业的重要组成部分。2016 年，全国共有各级各类民办学校 17.1 万所，比 2012 年增加 3.1 万所，增长 22.2%。各级各类民办教育在校学生 4825.47 万人，比 2012 年增加 914.5 万人，增长 23.4%。此外，我国社会力量还参与举办了混合所有制教育，2014 年下半年以来，全国各地兴起在教育领域探索"混合所有制"实践活动，先后有 10 多个省份在相关政府文件中提出要积极探索职业院校股份制或混合所有制办学形式。民办教育的迅速发展，使得教育服务供给有效增加，教育供给的多样性大大增强，培养了大批人才。

一、采取多种举措，支持社会力量兴办教育

2016 年 11 月，新修订的《民办教育促进法》经第十二届全国人民代表大会常务委员会第二十四次会议审议通过，2017 年 1 月，《国务院关于鼓励社会力量兴办教育促进民办教育健康发展的若干意见》《民办学校分类登记实施细则》《营利性民办学校监督管理实施细则》三个配套文件出台，我国民办教育进入了推进分类管理的新时代。新形势下，促进社会力量兴办教育的举措主要集中在以下四个方面。

1. 吸引捐赠性资金兴办非营利性学校

随着我国经济的发展和相关法律的出台，捐赠办教育的资金规模不断增长，未来我国社会捐赠性资金的数量将呈继续增长的态势。我国应该积极出台政策，特别是出台针对捐赠人的激励措施，引导捐赠性资金兴办非营利性学校，特别是引导捐赠性资金举办非营利性高校。

2. 吸引投资性资金举办营利性学校

新修订的《民办教育促进法》第 19 条规定："民办学校的举办者可以自主选择设立非营利性或者营利性民办学校。但是，不得设立实施义务教育的营利性民办学校。"这意味着在我国社会力量可以合法地举办除义务教育阶段以外的营利性民办学校，因此，积极吸引投资性资金举办营利性民办学校也是促进我国民办教育发展的重要举措。

3. 支持社会力量举办混合所有制教育

借鉴经济领域改革经验，推动教育事业改革和发展，是教育领域探索混合所有制的初衷及要义所在。2014 年 5 月发布的《国务院关于加快发展现代职业教育的决定》首次提出"探索发展股份制、混合所有制职业院校"，同年 6 月教育部、国家发展改革委、财政部等六部委联合组织编制的《现代职业教育体系建设规划（2014—2020 年）》明确提出了发展混合所有制教育的种种举措。发展混合所有制教育，有利于促进我国教育改革和发展，扩大教育供给，提高教育的质量和水平。

4. 落实社会力量兴办教育的扶持措施

新修订的《民办教育促进法》及其配套文件中规定了对民办教育的种种扶持措施，诸如加大财政投入力度、创新财政扶持方式、落实同等资助政策、落实税费优惠等激励政策、实行差别化用地政策、实行分类收费政策、保障依法自主办学、保障学校师生权益等。这些扶持措施对于促进民办教育的发展起着重要的推动作用，为了支持社会力量兴办教育，政府部门需要切实落实这些措施。

二、完善和落实法律法规，规范社会力量兴办教育

我国民办教育的发展取得了显著的成就，为整个教育事业和社会经济的发展作出了很大的贡献，同时民办教育的发展还存在着一系列不规范的现象。为了保障民办教育的健康发展，必须采取强有力的措施，规范社会力量兴办教育。

1. 落实营利性民办学校和非营利性民办学校分类登记的规定，实现民办学校分类管理

营利性民办学校和非营利性民办学校长期不分是困扰我国民办教育发展的重大问题，造成了民办教育发展的种种不规范。一些投资性民办学校以"非营利性"之名逃避社会责任，不缴纳任何税款，甚至通过种种手段分配利润，而真正捐资办学的民办学校却很难得到有效的扶持。新修订的《民办教育促进法》及其配套文件对营利性与非营利性民办学校予以彻底区分，这对于民办教育的发展有着极为重要的意义。各级政府部门应该贯彻《民办教育促进法》和相关文件的要求，按时、有序落实营利性民办学校和非营利性民办学校分类登记的规定，实现民办学校的分类管理。

2. 完善和落实民办学校产权制度

产权问题是民办学校分类管理制度构建的核心，从理论分析和国际比较角度来看，营利性民办学校与非营利性民办学校的根本区别是两者的产权制度不同。新修订的《民办教育促进法》及其配套文件对民办学校产权制度作出了相应规定，明确了我国民办学校的法人财产权、财产占有权和使用权、财产收益权、财产处分权，基本建立了营利性和非营利性民办学校的产权制度。为了规范社会力量兴办教育，应该落实民办学校的产权制度规定，为民办学校的发展奠定根基。

3. 完善和落实民办学校法人治理结构

新修订的《民办教育促进法》及其配套文件对民办学校法人治理结构作出了相应的规定，明确了我国民办学校法人治理结构的四大组成要素、民办学校决策机构的组成人员和七项职权、民办学校校长的聘任条件和六项职权、营利性民办学校监事会的职权、民办

学校的其他治理机构等。这些规定对于民办学校法人治理结构的明确有着重要意义，我国各级政府部门和民办学校应该积极予以落实。

4. 完善和落实民办学校退出制度

新修订的《民办教育促进法》及其配套文件规定了民办学校的退出制度，如民办学校退出的类型、程序，政府在民办学校退出中的义务，营利性民办学校和非营利性民办学校终止时剩余财产的处理，等等，各级政府部门应积极地加以落实。

5. 完善和落实民办学校监管制度

构建良好的监管制度是实现民办学校有序健康发展的重要外部条件，也是我国民办学校分类管理的重要内容。从我国当前对民办学校的监管来看，主要有监管体制、准入监管、收费监管、质量监管、利润分配监管、税收监管、激励监管和违法行为监管八方面的内容，构建起了对民办学校的监管体系。各级政府部门需要积极地落实这些针对民办学校的监管制度，为社会力量兴办教育提供良好的外部环境。

总之，在中国特色社会主义新时代，我国社会主要矛盾已经转化为人民日益增长的美好生活需要和不平衡不充分的发展之间的矛盾，支持和规范社会力量兴办教育，是解决人民日益增长的教育需要和教育不平衡不充分发展之间的矛盾的重要手段。必须切实贯彻十九大对发展民办教育提出的要求，充分认识支持社会力量兴办教育的重大意义，采取举措支持社会力量兴办教育，落实完善法律法规，规范社会力量兴办教育，促进民办教育有序健康发展。

（原文发表于《光明日报》2018 年 1 月 27 日第 6 版）

后　记

百年大计，教育为本；千秋伟业，人才奠基。党的十九大闭幕后，遵照教育部党组关于"学起来、教起来、传起来、研起来、干起来、实起来"的要求，着眼于"思想提升、政策阐释、业务练兵"，教育部教育发展研究中心把学习贯彻党的十九大精神作为首要政治任务，把阐释、研究、宣传十九大精神作为头等大事，组织动员全体科研人员在认真把握、深刻领会十九大精神的基础上，撰写学习体会文章，分别刊发在《光明日报》《中国教育报》《人民教育》等报刊上，在社会上产生了积极反响，专家学者和教育工作者给予了高度评价。为了充分展示全体科研人员学习贯彻十九大精神的风貌，真正做到"学懂、弄懂、做实"，我们将相关文章集结成册，编辑出版了《开启教育新征程》一书。这既是一次总结，更是深入学习的一个新起点。

本书分为四个部分。第一部分"深刻认识新时代教育新要求"共8篇文章，重点阐释了新时代教育的新要求、新特点、新挑战；第二部分"以教育现代化助推教育强国建设"共7篇文章，重点阐释了如何以习近平新时代中国特色社会主义思想为指导，加快教育现代化、建设教育强国等；第三部分"办好公平而有质量的教育"

共16篇文章，重点阐释了如何着力解决教育发展不平衡不充分问题，努力让每一个孩子享有公平而有质量的教育，满足人民日益增长的美好生活需要；第四部分"深化教育改革、提升教育开放水平、促进民办教育发展"共7篇文章，重点阐释了新时代教育改革的内在逻辑、民办学校管理和提升教育开放水平等。

本书的出版是我们学习贯彻十九大精神的一个新起点。当前和今后一段时期，我们将结合工作职能，结合学习型团队建设，继续深入开展研究和思考。学习贯彻十九大精神，永远在路上，我们的学习才刚起步，加之时间仓促，难免存在不足之处，恳请读者批评指正。

陈子季
2018 年 9 月